Erinnerungen eines Veteranen • Gerd Tschechne

Edition AVRA

Bibliografische Information der Deutschen Nationalbibliothek
Die Deutsche Nationalbibliothek verzeichnet diese Publikation in der Deutschen Nationalbibliografie; detaillierte bibliografische Daten sind im Internet über http://dnb.d-nb.de abrufbar.

Rheinstraße 46, 12161 Berlin
Telefon: 0 30 / 76 69 99-0
www.edition-avra.de

ISBN (Print): 978-3-8280-3580-5
ISBN (E-Book): 978-3-8280-3581-2
1. Auflage 2020
Umschlaggestaltung: Emilia Agovic
Bildquelle: Bilder aus dem Archiv des Autors

Printed in Germany

Gerd Tschechne

ERINNERUNGEN EINES VETERANEN

(1904 - 1946)

Ein Lesebuch in drei Teilen über die Zeit von 1904 bis 1946 nach den Tagebuchaufzeichnungen von Gerd Tschechne ausgewählt und zusammengestellt von Burga Budwill

Vorbemerkung zum Werk von Gerd Tschechne

Gerd Tschechne, Jahrgang 1925, sportlich sehr begabt, träumte von einer Karriere als Sportlehrer.

Seine Lebensgeschichte, die in diesem Buch erzählt wird, spielte in der Zeit des Nationalsozialismus bis zum Untergang des Dritten Reiches (1933 bis 1945).

Mit der Einführung der Wehrpflicht 1935 machte auch der Reichsjugendführer Baldur v. Schirach (1907 - 1974) für die Jungs ab zehn Jahren den Beitritt in die größte Jugendorganisation im Reich zur Pflicht. So trat Gerd als „Pimpf" in das „Jungvolk" ein, eine Organisation mit eindeutig vormilitärischer Ausrichtung. Die straffe Gliederung war dem Militär entlehnt. Rein äußerlich trugen die Jungs einheitliche Bekleidung. Zugehörigkeit und Ranghöhe waren durch Schnüre, Winkel und Abzeichen auf der Bekleidung sichtbar. Für Außenstehende war das perfide Ziel, das hinter der Jugendorganisation der Nazis steckte, nur schwer zu erkennen.

Die Aufgaben der Organisation bestanden u.a. darin, die Kinder nach dem Gleichschaltungsgesetz im Sinne des Nationalsozialismus zu erziehen und vormilitärisch auszubilden. Um den gestellten Anforderungen gerecht zu werden, wurde die Schulzeit der Pimpfe gekürzt: die Samstage standen komplett im Dienst der Gruppenarbeit, an den Nachmittagen mittwochs gab es keine Hausaufgaben. Die Broschüre „Der Pimpf im Dienst" enthielt das Lehrmaterial, das die Gruppen durcharbeiten mussten. Es gab Lehrer, die diese Bevormundung im Schulbetrieb ablehnten, aber sie schwiegen dazu.

Die Kinder waren gern im Jungvolk dabei, sie hatten ihren Spaß an der sportlichen Betätigung und an den allgemeinen Herausforderungen. Sie folgten ganz einfach ihrem Spieltrieb.

Am 17. März 1943 wäre Gerd mit 18 für zwei Jahre zum Militär einberufen worden.

Als Gerd Tschechne 1939 die Ausbildung zum Sportlehrer bei der Wehrmacht in Aussicht gestellt wurde, stimmte er freudig zu. Doch trieb ihn keine politische Motivation zu dieser Entscheidung. Er brach die Mittelschule ab und kam 1940 mit 15 Jahren zur militärischen Vorschule für Unteroffiziere. Hier setzte er die Schulzeit bis zum Abschluss der Mittleren Reife fort, wobei der Sport eine große Rolle spielte. Bis zum Sportlehrer lag ein weiter Weg vor ihm: Vereidigung und die Verpflichtung zu 12 Jahren Militärdienst, Ausbildung mit der Beförderung zum Gefreiten, Bewährung und Beförderung zum Unteroffizier, Frontbewährung, Fahnenjunkerschule, Beförderung zum Offizier. Erst dann konnte er mit einem Studium zum Sportlehrer in der Wehrmacht rechnen. So die Theorie.

Die Praxis sah entschieden anders aus. Der Zweite Weltkrieg war bereits voll im Gange als Gerd seine Ausbildung 1940 begann. In den Kasernen, in denen er diente, war vom Krieg selten etwas zu merken. Die Rekruten bekamen offiziell keine Informationen über den Kriegsverlauf. Berichterstattungen im Vorspann bei ausgesuchten Filmen täuschten den Zuschauern einen stets siegreichen Einsatz an allen möglichen Fronten vor. Die Verdrehung von Tatsachen lag dem Reichspropagandaminister Joseph Goebbels besonders am Herzen, denn die Kriegseuphorie durfte auf keinen Fall durch negative Frontberichte zerstört werden.

Mit 18 Jahren war Gerd bereits Gefreiter und erhielt den Befehl zum ersten Fronteinsatz. Dieser war zwar nicht in seinem Plan vorgesehen, aber er hatte den Soldateneid geleistet und musste gehorchen. Der Einsatzort lag irgendwo an der Ostfront, ein konkretes Kampfgebiet wurde den Soldaten nicht mitgeteilt.

Der Weg zur Front war weit und noch immer überwog eine abenteuerliche Erwartungshaltung bei den Kameraden. Nach einigen Wochen näherten sie sich der Front und legten eine mehrtägige Rast ein. Ein Kradfahrer brachte die Essenkübel für die Truppe und einen gefallenen Leutnant mit. Als Gerd für den Toten ein Grab am Wegesrand schaufelte, wurde ihm doch recht beklommen zu Mute. Würde auch er eines Tages fern der Heimat in fremder Erde zu liegen kommen?

Bereits wenige Kilometer vor der Front kam es zu einem Kampfeinsatz mit Partisanen. Gerd fühlte sich auf dem Panzer zwischen zwei Kameraden sicher. Ein Volltreffer zwang den Panzerfahrer zur Umkehr, die drei Kameraden waren schwer verletzt worden. Gerd wurde zum Feldlazarett gebracht und wartete auf seinen Abtransport. Inmitten der vielen teils schwer verwundeten Soldaten wurde ihm klar, wie hilflos man doch dem Schicksal ausgeliefert war. Die ganze Kriegsromantik, die sie von Sieg zu Sieg führen sollte, war verflogen. Erst die eigene Erfahrung an der Front zeigte dem bisher gutgläubigen Gerd, die ganze Verlogenheit der goebbelschen Propaganda.

Der Gefreite Gerd benötigte ein halbes Jahr zu seiner Genesung, dann musste er sich wieder den Tatsachen stellen. Die 12 Jahre Dienst bei der Wehrmacht hatten ihn wieder fest im Griff. Zur Front kam er vorerst nicht, er wurde zum Dienst in der Kaserne abgestellt. Er unterwies junge Rekruten in seinem Alter im Gebrauch der Handfeuerwaffen. Überrascht stellte Gerd bei ihnen denselben Eifer fest, der auch ihn dereinst gefesselt hatte. Ganz anders verhielt es sich bei den Rekruten vom „Volkssturm“. Die meisten dieser Männer hatten sich bereits ihre Sporen im Ersten Weltkrieg verdient, jetzt waren sie kaum in der Lage eine Handgranate weit genug zu werfen. Der Älteste von ihnen zählte 73 Jahre. Gerd fand seine Mission entsetzlich, diesen alten Männern das Kriegshandwerk zu lehren. Sein Glaube an den „Endsieg“

schwand endgültig. Die Möglichkeit, diesen sinnlosen Krieg zu beenden, hatte Goebbels am 18. Februar 1943 mit seiner berüchtigten Rede im Berliner Sportpalast mit der suggestiven Frage: „Wollt ihr den totalen Krieg?" zunichte gemacht. Goebbels gab in seiner Rede zu, dass sie das Kriegspotential der Sowjetunion unterschätzt haben, trotz dieser Erkenntnis bezeichnete er die Niederlage von Stalingrad herablassend als „Unglück". Das Volk in der Heimat konnte getäuscht werden, die kämpfenden Truppen nicht und erst recht nicht die befehlshabenden Offiziere und Generäle.

Noch einmal musste Gerd zurück an die Front zur „Frontbewährung" für seine Offizierslaufbahn. Seine Truppe sollte neue Panzer erhalten und an der Ungarnfront die 4. Kavallerie-Division unterstützen. Die Panzer trafen nicht ein, die Kameraden erhielten nur neue Panzeruniformen. Nach einigen Wochen kam ein weiterer Befehl, die Truppe musste nach St. Peter, wo die erwarteten Panzer bereitstanden. Die Truppe um Gerd wurde nun dem komm. General Harteneck persönlich unterstellt. Der lang ersehnte Einsatzbefehl erfolgte nicht, stattdessen haben sie im Ort Stellung bezogen mit dem Auftrag, die Ortseingänge scharf zu bewachen und niemanden zum General vorzulassen.

Hitlers brutales Vorgehen, potentielle Gegner auszuschalten und seine dilettantische Kriegsführung machten ihn vor allem bei den Obersten der Wehrmacht immer unbeliebter.

Während des Krieges sind auf Hitler 42 Attentate geplant oder zur Ausführung gekommen (Will Berthold „Die 42 Attentate auf Adolf Hitler"). Bis auf eines kamen diese aus den oberen Chargen der Wehrmacht. Da kein Anschlag zum Erfolg führte, haben Befehlshaber auch mal gewagt, auf eigene Faust zu handeln (u.a. Rommel). Dies wurde von Hitler geduldet, sofern sich ein Erfolg einstellte, blieb dieser aus, war die Karriere ebenfalls aus.

Zum Ende des Krieges, als es hieß „Kampf bis zur letzten Patrone“ setzte General Harteneck sein ganzes strategisches Können und seine diplomatischen Fähigkeiten ein, um seine Soldaten und auch seine geliebten Pferde (Trakehner) vor dem sicheren Tod zu bewahren. Er schloss die jungen Soldaten in seine Überlegungen mit ein, die ihm im Kampf mit Panzern zugewiesen waren. Gerd gehörte zu einer dieser Truppen und grübelte über die Strategie des Generals nach: Neue Uniformen, neue Panzer und das Steckenpferdwappen am Ärmel präsentierten sie als noch nicht im Einsatz gewesene Ersatzmannschaft der Kavallerie. Im letzten Tagesbefehl vom 07. Mai 1945 gab der General seine Absicht bekannt: Die Divisionen sollen sich nach Mauterndorf begeben, wo sie in einem englischen Internierungslager Aufnahme finden und in Sicherheit vor einer russischen Gefangennahme sind. Anschließend werden sie in Aalen in amerikanische Kriegsgefangenschaft gehen und von dort in Ehren entlassen werden und ihre Heimat wiedersehen. So wie der General es versprochen hatte, so ist es auch geschehen. Gerd sah seine Heimatstadt und seine Familie wieder. Diese hatte den Krieg ebenfalls lebend überstanden.

Kurz vor Weihnachten 1945 meldete Gerd Tschechne sich zu einem Lehrgang für „Neulehrer“ in Bernau an. Er bekam die Zulassung und kurz danach seine Kündigung.
Hier endet der erste Band seiner „Erinnerungen eines Veteranen“.

Im zweiten Band schildert Gerd Tschechne seine Erlebnisse als „Neulehrer“ und Schuldirektor an den Schulen in Storkow, Wolzig und Friedersdorf in der DDR. Es sind die Jahre von 1946 bis 1976.

Vorwort des Autors

Es kommt mir eigenartig vor, dass ich so wenig von der Kindheit meines Vaters weiß, geschweige nun erst von der Kindheit und Jugend meiner Großväter. Sie werden bestimmt etwas aus ihrer Kindheit erzählt haben als ich klein war. Doch ich war zu jung, um mir ihre Kindheitserlebnisse zu merken. Später, als ich älter war, hatte ich andere Interessen als nach der Kindheit meiner Großeltern zu fragen. Heute, im Alter, hätte ich doch gern gewusst, wo und wie sie damals lebten, spielten und liebten. Welche Erlebnisse gab es in ihrer Jugend, und vieles andere mehr beschäftigen mich jetzt.

Vielleicht interessieren sich meine Enkel und Urenkel mehr für das Leben ihrer Großväter als ich in meiner Jugend. Ihnen widme ich dieses Büchlein, es ist ein authentisches Lesebuch von einer Zeit, die sie nicht erlebt haben, spannend und unterhaltsam. Aber es soll auch zum Nachdenken anregen.

Inhaltsangabe

Teil I

Storkow

Meine Kindheit im Storkower Schützenhaus

Teil II

Meine Berufsausbildung

Faszination Wehrmacht

Die Uffz.-Schule in Potsdam/Eiche

Teil III

Nach dem Krieg

Zu Fuß nach Frensdorf

Zurück in die Heimat

Anhang

TEIL I
STORKOW

Meine Kindheit im Storkower Schützenhaus

Das Schützenhausgrundstück und seine Anlagen

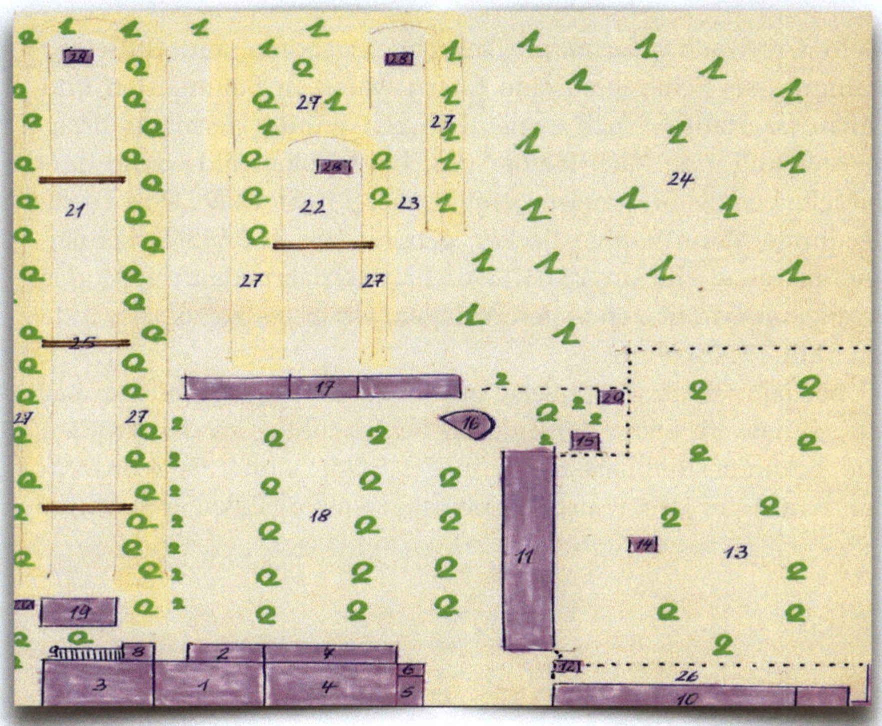

Legende zum Grundriss Schützenhausgrundstück:

1 Gastraum (oben Wohnräume)
2 Küche
3 Vereinsraum (oben Fremdenzimmer)
4 Saal
5 Bühne
6 Damentoilette
7 Scheibenhalle
8 Herrentoilette
9 Außentreppe zu den Fremdenzimmern
10 Wirtschaftsgebäude
11 Kegelbahn
12 Herrentrockentoilette
13 Obst- und Gemüsegarten
14 Bienenhaus
15 Damentrockentoilette
16 Musikpavillon
17 kleine Schießhalle mit überdachten Nebenbauten
18 Schützenhausgarten
19 Große Schießhalle
20 Pissoir
21 125-m-Schießbahn
22 50-m-Schießbahn
23 75-m-Schießbahn
24 Schützenhauswald
25 Schießblenden
26 Wirtschaftshof
27 Schießbahnen begrenzende Wälle
28 Gruben der Scheibenanlagen

Die Großeltern Hermann und Sophie Tschechne

Mein Großvater, Hermann Tschechne, geboren am 31.03.1865 stammte aus Schlesien. Seine Eltern waren in Baumgarten und Ohlau zu Hause. Nach seiner Lehrzeit wurde Hermann Braumeister und ging nach Heinersdorf bei Fürstenwalde. Bald darauf leitete er als Braumeister eine Brauerei in Storkow. Dort lernte der junge Mann Sophie Becker, geboren am 31.07.1869, kennen und heiratete sie am 26.03.1896. Er übernahm dann 1904 das Schützenhaus mit den vielen Anlagen, wo er bis zu seinem Tode am 04.01.1944 wohnte.

Über Jahrzehnte vergrößerte und baute er immer wieder etwas aus, so dass im Laufe der Zeit das Schützenhaus zu den größten und bekanntesten Gaststätten in der Stadt zählte. Es wurde in den zwanziger Jahren zum beliebtesten Ausflugslokal in Storkow.

Das Schützenhaus 1924

Hermann und Sophie Tschechne

Der Großvater Alexander Elxnat

Weniger prägend waren die Begegnungen mit meinem Großvater Alexander Elxnat. Er lebte für kurze Zeit bei meinen Eltern. Im Schützenhaus ließ er sich nicht sehen.

Die ersten Erinnerungen an meinen Großvater Alexander Elxnat gehen auf mein viertes bis fünftes Lebensjahr zurück. Großvater Elxnat war äußerst schlank, schmächtig, mit einem hageren Gesicht und wirkte kraftlos. Von meiner Mutter und vom Großvater habe ich einiges über ihn erfahren.

Großvater Elxnat wurde am 01.02.1863 geboren. Seine Eltern waren Gutsbesitzer im ostpreußischen Schmailen, einem kleinen Dorf nördlich von Gumbinnen in Ostpreußen. Zu Schmailen müssen zwei Güter gehört haben und zwar die der Geschwister Elxnat. Eins davon gehörte meinem Großvater Alexander.

Als er das Gut übernahm, war er ledig. Meine Mutter berichtete mir einmal später, dass er in die Tochter eines Gutsbesitzers verliebt oder sogar mit ihr verlobt war. Auf einem Foto sollen beide einträchtig nebeneinander als verliebtes Paar zu sehen gewesen sein. Aus bitterer Enttäuschung, dass sie ihn verließ, schnitt er sie aus dem Foto heraus und vernichtete den Ausschnitt. Er wollte sie nicht einmal bildlich mehr sehen. Sein Glück als Gutsbesitzer schwand ebenso dahin.

Auf seinem Gut hatte er eine Wirtschafterin beschäftigt: Ludowika Kuratis, geboren am 21.04.1855. Mit ihr hatte er ein Verhältnis, das nicht ohne Folgen blieb. Am 16.08.1903 hatte er sie dann geheiratet, es war der dritte Geburtstag ihrer gemeinsamen Tochter Alexa. Sie wurde mit 25 Jahren meine Mutter.

Das Verhältnis zwischen den Brüdern Elxnat muss nicht zum Besten bestellt gewesen sein. Der Grund lag wohl in der Spielleidenschaft meines Großvaters. Er spielte nämlich Skat mit sehr hohen Einsätzen. Er verlor viel Geld, machte Schulden, die rasch anwuchsen, so dass er sein Gut veräußern musste.

Sein Bruder half ihm nicht, aus der eingetretenen Misere herauszukommen. So verließ nun mein Großvater mit seiner Familie Schmailen und zog nach Frankfurt/Oder. Seiner Tochter ließ er eine gute Schul- und berufliche Ausbildung zukommen. Sie wurde Büroangestellte in Fürstenwalde. Er erwarb in Braunsdorf bei Fürstenwalde ein Grundstück mit einem kleinen Einfamilienhaus. Seine Tochter Alexa fuhr von Braunsdorf mit dem Fahrrad täglich nach Fürstenwalde ins Büro. Mit ihrem Verdienst trug sie für den Lebensunterhalt der Familie bei. Erneut kam es zum Ortswechsel. Das Anwesen in Braunsdorf wurde verkauft und in der Rauener Ziegelei ein größeres Grundstück mit einem Einfamilienhaus erworben. Der dortige Boden wies gute Kiesvorhaben auf, was meinem Großvater bewog, eine Kiesgrube zu betreiben.

Die Tochter Alexa lernte in dieser Zeit meinen Vater kennen. Sie heirateten am 25.10.1924. Vorher starb meine Großmutter Ludowika am 08.08.1923. Sie wurde auf dem Friedhof der Rauener Ziegelei beigesetzt.

Großvater Elxnat war nun allein und seine Kiesgrube auf dem Grundstück erschöpft. Ein Verbleib in der Rauener Ziegelei hatte für ihn keinen Sinn mehr. Meine Mutter, die ja nach Storkow gezogen war, holte ihn zu sich. Er zog mit in unsere kleine Wohnung in der Fürstenwalder Straße. Er nahm vorlieb mit der kleinen Stube neben der Küche. Mein Großvater hat das Grab seiner Ehefrau von Storkow aus nicht mehr besucht. Die Pflege des Grabes meiner Großmutter übernahm meine Mutter.

Der liebste Aufenthaltsort vom Großvater war die Küche, wo er oft in großen Filzpantoffeln auf und abging. Es bereitete ihm sichtlich Freude, wenn ich auf seine Filzpantoffel stieg, mich an seinen Hosenbeinen festklammerte und er mich so auf seiner Küchenwanderung mitnehmen konnte. Da ich aber die größte Zeit mit meinen Eltern im Schützenhaus verbrachte, waren diese Küchenwanderungen mit ihm verhältnismäßig selten.

Das einzige Lebewesen, dass ihn täglich umschnurrte, war unsere Katze Mulle. Mit ins Schützenhaus kam er nicht. Er nahm alle Mahlzeiten, die meine Mutter für ihn zubereitet hatte, für sich allein in der Küche ein. Mit Großvater Tschechne verstand er sich nicht so gut. Dies war wohl der Grund, weshalb Großvater Elxnat es vorgezogen hat, nicht im Schützenhaus zu essen, sondern lieber für sich allein zu Hause. Traf ich ihn auf dem Kunertschen Hof an, dann rauchte er dort seine typisch gebogene Försterpfeife mit Deckel.

Seine einzige Beschäftigung auf dem Hof bestand im Holzhacken.

Großvater Elxnat beim Holzhacken

Ich ging noch nicht zur Schule, als meine Eltern mich auf eine Fahrt nach Schmailen mitnahmen.

Mit dem Passagierschiff „Ostpreußen“ fuhren wir über die Ostsee in die Heimat meiner Großeltern. Unterwegs wurde ich seekrank und verließ nicht die Kabine meiner Eltern. Meine Mutter blieb während der Überfahrt bei mir in der Schiffskabine. Es kam mehrmals ein „Matrose“, um angeblich nach mir zu sehen. Er hatte eine Marineuniform an. Mir sind noch seine silbernen und goldenen Tressen an den Ärmeln in Erinnerung, also kein Matrose, wie mir immer gesagt wurde, sondern ein Schiffsoffizier. Er unterhielt sich viel mit meiner Mutter. Im Nachhinein glaube ich, dass sein Besuch nicht mir, sondern meiner hübschen Mutter galt.

Unsere Fahrt ging weiter mit dem Zug bis Gumbinnen. Als wir in Gumbinnen aus dem Zug stiegen, wartete auf uns eine Kutsche. Ein zünftig gekleideter Kutscher empfing uns, nahm uns das Gepäck ab und verstaute es in der Kutsche. Ich staunte über das mit rassigen Pferden bespannte Gefährt. Der Kutscher forderte uns auf, in seiner auf Hochglanz polierten Kutsche Platz zu nehmen. An der Kutschentür prankte ein Elxnat-Monogramm. Wir stiegen ein. Der Kutscher setzte sich auf seinen Kutschersitz und mit einem lauten Peitschenknall fuhr die Kutsche an. Die Pferde verfielen bald in Trab, und so ging unsere Kutschfahrt mit beschleunigtem Tempo dem Elxnatschen Gut entgegen.

Die Kutsche und die rassigen Pferden davor hatte es mir angetan. Ich kann mich an eine hochherrschaftliche sonntägliche Kutschfahrt erinnern, die nach Gumbinnen zu einem Reit- und Fahrturnier ging. Es waren dort auch Pferde aus dem Elxnatschen Gestüt zu sehen. Die Einladung zu dieser Fahrt nachOstpreußen erhielt meine Mutter von ihrer Tante Elxnat. Als Kind war meine Mutter öfter bei ihrer Tante. Dieser einzige Besuch bei den Elxnats blieb für mich unvergesslich.

Meine Eltern Alexa und Gerhard Tschechne

Meine Eltern wohnten 1924 im Kunertschen Haus in der Fürstenwalder Straße/Ecke Querstraße. Unsere Wohnung war klein. Sie bestand aus einem Zimmer, einer Küche und aus einem sehr kleinen Nebenraum, der parallel zur Küche lag. Hier schlief mein Großvater Elxnat. Die Wohnung war vom Treppenflur des Hauses erreichbar. Diese und der kleine Nebenraum hatten zur Hofseite je ein Fenster, das große Zimmer besaß zwei Fenster mit Blick zur Straße. Es war unser Wohn.- und Schlafzimmer der Eltern. Ich hatte in ihm auch mein eisernes Kinderbettchen und schlief später auf einer Chaiselongue, die vor dem Ehebett stand.

Im Haus gab es kein fließendes Wasser. Draußen im Hof stand eine Flügelpumpe, von der wir in Eimern unser benötigtes Wasser zum Waschen und Kochen holten. Eine Trockentoilette befand sich außerhalb im Wirtschaftsgebäude.

Mein Vater holte vom Sägewerk am Kanal Abfallholz vom Zuschnitt der Bretter. Ich musste immer mit ihm gehen und ihm beim Beladen des Wagens helfen. Meist liehen wir uns einen größeren Handwagen aus, den wir voll packten, was verhältnismäßig schnell ging. Es kam aber auch vor, dass mein Vater einen Pferdewagen bestellte, der beladen werden musste. Diese Arbeit hatte mich nicht sehr begeistert. Das Beladen dauerte eine Ewigkeit, da mein Vater mit wissenschaftlicher Präzision das Holz im Wagen stapelte. Er wollte so viel wie möglich aufladen, weil das Fuhrwerk bezahlt wurde, ganz gleich wie viel Holz auf ihm lag. Hatten wir einen Handwagen vollgepackt, dann zog ihn mein Vater selbst heim. Ich half schieben, auch meine Mutter kam und half mit. Das Holzabladen ging zu Hause recht zügig voran, da es nur zu einem Haufen übereinander geworfen wurde. Die weitere Bearbeitung des Holzes übernahm Großvater Elxnat. Er hackte es so klein, dass es zum Beheizen unseres Küchenherdes verwendet werden konnte.

Mein Großvater muss sich in den späten Nachmittagsstunden öfter von zu Hause weg begeben haben, was ich als Kind nicht bemerkte, da ich mich ja im Schützenhaus aufhielt. Vielleicht empfand ich es nur nicht so besonders dramatisch. Manchmal, wenn wir abends etwas später vom Schützenhaus kamen, stellten meine Eltern fest, dass Großvater Elxnat noch nicht im Bett lag. Wo war er? Ich hörte meine Eltern ernsthaft über sein so spätes Ausbleiben sprechen. Ich vernahm, dass er sich bestimmt wieder bei Skatbrüdern aufhielt. Dieses späte Heimkommen meines Großvaters versetzte meinen Vater immer in Wut. Es blieb nämlich nicht aus, dass mein Großvater mehr oder weniger beschwipst seinen Weg nach Hause nahm und dann ziemlich laut polternd zu Bett ging.

Meine Eltern hatten inzwischen eine größere Wohnung in der Fürstenwalder Straße bei Medels gemietet. Jetzt hatten wir die ganze untere Etage im Medelschen Haus für uns mit einem Wohnzimmer mehr. Darin lag ein schöner großer Teppich, auf dem ich viel mit meinen Zinnsoldaten spielte. Die Küche machte einen freundlicheren Eindruck als im Kunertschen Haus, auch das Zimmer meines Großvaters war etwas größer und schöner als zuvor.

Als wir wieder einmal später als sonst abends vom Schützenhaus heimkamen, war Großvater Elxnat nicht zu Hause. Meine Eltern waren noch nicht zu Bett gegangen, als jemand bei uns anklopfte und uns mitteilte, dass wir unseren Großvater Elxnat holen sollten, er liege betrunken im Chausseegraben. Mein Vater zog sich grimmig an und holte ihn. In der Wohnung angekommen, gab es für mich eine unschöne laute Auseinandersetzung zwischen den beiden, die handgreiflich endete. Dieser Zwischenfall war so heftig, dass mein Vater ein Zusammenleben mit ihm als unerträglich empfand. Daraufhin wurde für meinen Großvater Elxnat eine Stube in Storkow gesucht, wo er unabhängig von uns wohnen und tun und lassen konnte, was er wollte.

Diese Stube wurde in der Gartenstraße bei dem Malermeister Lehmann gefunden. In seinem Wirtschaftsgebäude gab es einen kleinen beheizbaren Raum, den man direkt vom Hof aus betreten konnte. In ihm befand sich ein Kleiderschrank, ein Bett, ein Tisch und ein Stuhl. Vor seinem Bett lag ein Läufer. Die Tür war von innen mit einer Decke verhangen, um die Zugluft nicht eindringen zu lassen. Außerdem wirkte sie im Winter als Wärmedämmung. Vor dem einfachen Fenster lag zu diesem Zweck stets eine zusammengerollte Decke auf dem Fensterbrett. Ein kleines Radio gehörte auch zum Inventar. Insgesamt gesehen war das eine sehr spartanische Einrichtung. Stubendecke und Wände erschienen mir sehr dunkel. Mit äußerst spärlichem Lichteinfall durch das Fenster hinterließ die Stube bei mir keinen besonders freundlichen Eindruck.

Jeden Tag musste ich nach Schulschluss meinem Großvater das Mittagessen bringen, das meine Mutter für ihn im Schützenhaus zubereitet hatte. Er freute sich immer sehr über mein Kommen und schwatzte mit mir. Sein Einzug in diesen ärmlichen Raum muss auf ihn so ernüchternd gewirkt haben, dass er nicht mehr Skat spielen ging und keinen Alkohol trank, ich traf ihn stets nüchtern in seiner Stube an. Am Nachmittag ging meine Mutter zu ihm. Sie machte ihm das Bett, reinigte seine Stube und sorgte für frische Wäsche.

Mein Großvater Elxnat verstarb am 02.10.1941 im Alter von 78 Jahren. Bei der Beisetzung auf dem Storkower Friedhof war ich nicht zugegen, ich befand mich im Lazarett mit Ziegenpeter. Das Grab erhielt keinen Grabstein. Sein Grabhügel bekam eine immergrüne Dauerbepflanzung, wie schon zuvor der Grabhügel meiner Großmutter Elxnat auf dem Friedhof in der Rauener Ziegelei. Am Kopfende des großväterlichen Grabes wurde ein Buchsbaum gepflanzt, der über Jahrzehnte einen kräftigen Wuchs aufwies. Im Jahr 1990 wurde der Grabhügel meines Großvaters eingeebnet und der Buchsbaum gefällt, so dass ich heute nur noch annähernd die Stelle angeben kann, wo er einst beigesetzt wurde.

Das Schützenhaus

Das Schützenhaus war bis zum 14. Lebensjahr mein zu Hause. Hier wuchs ich auf und lernte frühzeitig das bunte Treiben der Erwachsenen kennen. Auf den Sportanlagen vom Schützenhausgarten haben viele Besucher ihre Kräfte beim Kegeln oder Tennis gemessen. Im Gasthof wurden Feste gefeiert und hitzig Politik an den Biertischen betrieben.

Mir ist noch der alte Gastraum von vor 1934 in Erinnerung. Er war nicht sehr groß und der damaligen Zeit entsprechend wohnlich als Gaststättenstube eingerichtet. Er strahlte Gemütlichkeit aus. Eine Pendeluhr hing an der Wand und gab die halben und vollen Stunden mit einem Gong an. Außer Tischen und Stühlen befand sich im Gastraum an einer Seite noch ein Sofa, auf dem mein Großvater öfter nach dem Mittagessen sein Nickerchen hielt.

Dort empfing er auch jährlich den kleinen, etwas beleibten Vertreter von Palm-Zigarren. Dieser verstand sich gut mit meinem Großvater. Sie saßen dann beide am kleinen Tisch, pafften andächtig ihre Zigarren und plauderten vertraulich.

In der Regel war das Vereinszimmer am Tage und abends in der Woche besetzt. Hier stellten auf großen Staffeleien die Maurermeister ihre Entwürfe für Häuser aus, die ich mir gern betrachtete. Es waren schöne Vorbereitungsarbeiten für die Meisterprüfung. Oft schlich ich mich hierher und ging von Staffelei zu Staffelei und schaute mir die Zeichnungen der entworfenen Häuser an. Sie faszinierten mich.

Das Gasthaus besaß einen Saal mit Parkettfußboden und eine Bühne. Im Saal fanden viele Veranstaltungen statt, wie Tagungen, Tanzabende, Maskenbälle, Versammlungen von Vereinen.

In den Saal gelangte man durch eine zweiteilige Tür. Dieser Tür gegenüber war noch ein beachtlich großer Durchgang, in dem ein Lochbillard stand. Auf ihm stieß ich öfter die Kugeln und brachte es erstaunlicherweise zu guten Leistungen, was mir Lob und Anerkennung von den Erwachsenen einbrachte und mich mit Stolz erfüllte.

Überall hingen an den Wänden viele eingerahmte Fotos von den jährlich zu Pfingsten geehrten Schützenkönigen mit ihren zwei Rittern.

In dem Durchgangsraum schmückten zur Weihnachtszeit die Eltern einen Tannenbaum mit Glaskugeln und Lametta. Die familiäre Bescherung fand hier statt. Wir feierten nie Weihnachten alleine zu Hause, sondern immer bei meinen Großeltern im Schützenhaus. Am Heiligen Abend servierte uns Großmutter stets ihren Bierkarpfen. Nach dem Essen kam der Weihnachtsmann mit einem Sack und einer Rute ins Schützenhaus und fragte nach artigen Kindern. Ich hielt mich immer für artig und fleißig und trug dem Weihnachtsmann ein einstudiertes Gedicht vor. Mein Vortrag gefiel dem Weihnachtsmann und er entleerte seinen Sack mit vielen Spielsachen für mich. Als ich älter war, erkannte ich meinen Onkel Kurt im Weihnachtsmann.

Nach dem Abendessen durfte ich lange aufbleiben. Ich freute mich über die vielen erhaltenen Geschenke, wobei die Spielsachen mich lange bis weit in den Abend hinein beschäftigten.

Zur späten Stunde klopfte jemand ans Fenster. Es war kein gewöhnliches Klopfen eines Menschen, der um Einlass bat, sondern ein mit meinem Großvater ausgemachtes Klopfzeichen. Sofort wurde aufgetan und herein trat der Nachtwächter Lehmann mit seinem Schäferhund. In der Hand hielt er einen Spazierstock. An einem Strick, den er wie einen Schulterriemen umgelegt hatte, hing seine Feuertute, die er nachts immer mitführen musste. Nachtwächter Lehmann wünschte frohe Weihnachten und erhielt sein Bierchen mit einem Schnäpschen. Wie ich erfuhr, klopfte er immer an, wenn er nachts noch Licht im Gastraum brennen sah. Er wurde nie abgewiesen und bekam immer einen Trunk überreicht. In Storkow gab es noch einen zweiten Nachtwächter, den Herrn Noack. Der Marktplatz trennte ihre beiden Reviere.

Von Jahr zu Jahr kamen mehr Besucher in das alte Schützenhaus, oft herrschte daher Platzmangel. Der Maurermeister Buchwalder änderte im Auftrag des Großvaters den Durchgangsraum so um, dass er mit der Gaststube einen einzigen großen Gastraum bildete, dadurch erschien das gesamte Gaststättenmilieu sehr viel vornehmer.

In ihm befand sich nun eine wuchtige lange und breite Theke mit dem Zapfenblock aus glänzendem Metall. Drei Zapfhähne für Schultheiss-, Engelhardt- und Bürgerbräubier und ein Zapfhahn für Fassbrause standen jetzt zur Verfügung. Die Fässer standen im kühlen Keller.

Besonders schön fand ich im neuen Gastraum die Stammtischecke. Dort stand eine rustikale Ecksitzbank aus Holz, die den runden Stammtisch halb umschloss. Über dem Tisch prangte ein mächtiger Kronleuchter aus Hirschgeweih. Die ganze Ecke war dunkelbraun getäfelt. In dieser Sitzecke nahmen wir oft unser Mittagessen ein. Abends saßen hier die Stammgäste und tranken ihr Bier. Sie hatten sich immer viel zu erzählen. Es waren meistens Unternehmer, wie der Maurermeister Buchwalder, der Holzhändler Bronsert und der Abdecker Flügel.

Der Musikschrank im neuen Gastraum erregte meine Aufmerksamkeit. In ihm befanden sich nämlich ein Radio, ein Plattenspieler und diverse Schallplatten mit Schlager-, Tanz- und Unterhaltungsmusik. Mich reizte die Bedienung des Plattenspielers. Eines Nachmittags durfte ich ihn dann in Gang setzen und Platten mit Tanzmusik auflegen, da eine kleine fröhliche Gesellschaft im Vereinszimmer tanzen wollte.

Ich blieb gern am Radio sitzen wenn temperamentvoll Autorennen kommentiert wurden. Dagegen verfolgte mein Onkel Kurt die von Sportreportern enthusiastisch übertragenen Boxkämpfe Max Schmelings. Die Reden Adolf Hitlers wurden ebenfalls gehört.

Das Herz vom Schützenhaus aber war die Küche.

Nach dem Tod meiner Großmutter 1935 führte meine Mutter dort Regie. Meine Mutter war darüber nicht glücklich, zumal sie keine ausgebildete Köchin war. Im Zuge der Vergrößerung des Gastraumes wurde auch die Küche vergrößert und modernisiert. Nach Festlichkeiten, wie ein Eisbeinessen der Schützengilde, verließ meine Mutter vollkommen erschöpft ihren Arbeitsbereich.

Die Lebensmittel für den Küchenbedarf wurden in den verschiedensten Storkower Lebensmittelgeschäften sowie beim Fleischermeister Reichmuth eingekauft. Einmal im Monat kam der fliegende Händler Freiberger mit seinem kleinen Lieferwagen nach Storkow. Er brachte aus Berlin Konserven und Kolonialwaren mit. Von ihm bezogen die Kunden vorwiegend Fischkonserven und Kaffeebohnen sackweise aus Bremen. Ein Kaffeesack bestand aus zwei zusammengenähten Handtüchern.

Im Winter fand ich die Eisgewinnung vom See immer sehr beeindruckend. Interessiert schaute ich zu, wenn etwa 10 m vom Ufer der „Pferdeschwämme" entfernt ein größeres Loch in die dick gefrorene Eisschicht geschlagen wurde. Dann ging man mit einer Schrotsäge heran und zersägte die dicke Eisschicht in Würfel und Quader. Diese schwammen im Wasser, wurden mit einer Stange an Land gezogen und am Ufer auf einen Pferdewagen geladen. Das Eis kam auf das Flügelsche Grundstück am Schützenplatz. Hier lagerten die Helfer die kalten Blöcke in dicke Schichten Sägespäne ein. Das Eis hielt sich auf diese Weise bis weit in den Sommer hinein. Auf Verlangen der Gastwirte grub Herr Rogge aus den Sägespänen die Eiswürfel und –quader aus und brachte sie in die Keller der Gaststätten, wo sie zur Kühlung des Biers auf die Bierfässer gelegt wurden.

An manchen Sonntagen besuchten unerwartet viele Gäste das Schützenhaus. Wenn dann etwas in der Küche zur Zubereitung der Speisen fehlte, war ich mit meinem Fahrrad gefragt. Ich bekam eine Einkaufstasche mit einem Wunschzettel in die Hand gedrückt und wurde zum Einkauf losgeschickt. Ich schwang mich auf mein Fahrrad und sauste ab zum Kaufmann Retzdorf. Sein Laden war am Sonntag geschlossen. So begab ich mich zu seiner Wohnung, klopfte an die Küchentür, die mir von Fräulein Retzdorf geöffnet wurde. Sie ging mit mir sofort in den Laden und hat den Auftrag bearbeitet. Mit der vollen Tasche fuhr ich zurück zum Schützenhaus, wo ich bereits erwartet wurde. Diese Extra-Einkaufstouren erfüllten mich mit Stolz, durfte ich sie doch mit meinem Fahrrad erledigen.

Wochentags kam am Vormittag ein weißer Kastenwagen der Storkower Molkerei die Schützenstraße entlanggefahren. An dem Einspänner hing griffbereit am Kutschersitz eine kleine Handglocke, mit der der Kutscher während der Fahrt kräftig läutete und so ankündigte, dass der Milchmann gekommen sei. Er hielt stets in Höhe des „Armenhauses“. Wenn die Glocke bimmelte, kamen die Frauen mit ihren Kannen aus den umliegenden Häusern und holten Milch, die der Milchmann Liter- bzw. Halbliter weise aus einem Hahn am Kastenende fließen ließ. Die zweite Haltestelle war vor Daniels Haus, wo auch für das Schützenhaus Milch geholt wurde.

Mein Freund Horst Daniel verleitete mich einmal dazu, nach dem Anfahren des Wagens hinten auf den Tritt zu steigen und den Milchhahn aufzudrehen. Prompt nahm ich die Herausforderung an und führte diese Hinterhältigkeit aus. Als der Milchmann wieder auf seinem Kutschersitz Platz genommen hatte und sein Pferd zur Weiterfahrt antrieb, sprang ich hinten auf das Trittbrett und öffnete den Milchhahn. Sofort plätscherte die Milch auf die Straße. Inzwischen war das Pferd so in Trab geraten, dass der Wagen flott dahinfuhr. Ich durfte nun nicht mehr länger auf dem Tritt verweilen, ich sprang ab und konnte mich nicht auf den Beinen halten. Die Folge war ein unliebsamer Sturz, der für mich sehr schmerzhaft am Steiß und Kopf zu verspüren war. Ich erhob mich und schleppte mich davon, um mich zu verstecken. Mir war bewusst, dass ich etwas Unrechtes getan hatte und nun zur Rechenschaft gezogen werde. Mein Freund Horst, der Anstifter zur Tat, war nirgends mehr zu entdecken. Mein Tun blieb vorerst vom Milchmann unbemerkt. Erst als er am Stadthaus hielt, sah er die Bescherung, kehrte sofort mit seinem Wagen um und folgte der weißen Spur, um den Übeltäter zu finden. Einige hatten mein Hantieren am Wagen verfolgt und nun dem Milchmann meinen Namen genannt. Er kam ins Schützenhaus, berichtete aufgeregt das Vorgefallene und bekam daraufhin anstandslos den von mir verursachten Milchverlust von meinem Großvater bezahlt. Als mein Vater nach Hause kam und von meiner Schandtat hörte, hielt er mir eine Standpauke, die mit einer derben Ohrfeige endete.

Zum Schützenhaus gehörte ein Wirtschaftsgebäude mit einer umfangreichen Waschküche. Hier standen der große Waschkessel und mehrere Waschzuber in unterschiedlicher Größe. Am Waschtag herrschte hier Hochbetrieb. Es wurden zwei bis drei Frauen zum Waschen eingestellt. Der Wäscheanfall war besonders nach größeren Veranstaltungen beträchtlich.

Das Wirtschaftsgebäude stand auf einem eingezäunten Hof, der von einem massivem, zweiflügligem Holztor verschlossen war. Mitten im großen Hof stand ein stattlicher Taubenschlag, der Stolz meines Großvaters. Das Taubenhaus befand sich auf einem etwa 2 m hohem Pfahl.

Gerd und Rüpel

Dicht daneben hatte der Hofhund in der Hundehütte sein Tagesquartier. „Treu", der Schäferhund lag dort an der Kette. Ich getraute mich nicht an ihn heran. Abends wurde er losgemacht und bewachte das Schützenhaus. Am Tage nahm ihn mein Großvater öfter mit zu seinen Spaziergängen. Es gab noch einen kleineren Hund im Schützenhaus. Er wurde „Rüpel" gerufen. Da er freundlich war, durfte er frei herumlaufen. Er war oft mein Spielgefährte.

Im Wirtschaftshof lagerten ständig etliche Kubikmeter Holz. Meist waren es meterlange dicke Holzstämme, die zu gegebener Zeit zu Brennholz mit der Bügelsäge zersägt, dann gehackt und schließlich zu großen Holzmeilern aufgestapelt wurden. Im Schützenhaus wurde viel Holz verheizt, besonders in den beiden großen Öfen im Saal.

Im Wirtschaftsgebäude befand sich die Werkstatt mit einer Hobelbank. Mein Großvater hatte monatelang einen älteren Tischler beschäftigt, es fielen laufend Holzarbeiten an. Zäune, Tische und Stühle mussten repariert werden.

Zum Hof gehörten noch ein Hühner- und ein Pferdestall. Letzterer diente zum Abstellen der Pferde von Gästen, die mit der Kutsche anreisten. Die Gäste übernachteten in den Fremdenzimmern. Berittene Gendarmen brachten ihre Pferde ebenfalls im Stall unter, wenn sie zu einer Versammlung oder zu Schießübungen eintrafen.

Einmal im Jahr wurde geschlachtet. Mein Großvater kaufte zu diesem Zweck ein schweres Schwein und ein halbes Rind. Das Schwein wurde auf dem Hof vom Fleischermeister Reichmuth geschlachtet, und ich sah dabei zu. Dann erfolgte in der Waschküche ein emsiges Hantieren zur Wurstherstellung. Zuerst aber gab es das traditionelle Wellfleischessen. Bekannte bekamen Wurstbrühe mit Blut- und Grützwurst, die ich zu ihnen trug. Eine Spezialität waren die selbst hergestellten Schlagwürste.

Der Fleischermeister Reichmuth räucherte diese in seiner Fleischerei. Später hingen die frisch geräucherten Schlagwürste und Schinken in einem kleinen Verlies neben dem Schlafzimmer meiner Großeltern. Viel Fleisch wurde auch eingepökelt.

Der Hof war kein Spielplatz für mich. Es war schließlich nicht besonders angenehm, sich zwischen den Hühnern und ihren vielen Exkrementen aufzuhalten. Ich betrat ihn nur, wenn ich etwas zu bauen hatte. Ich denke an meine zweirädrigen Karren, die ich aus alten Kistenbrettern selbst zusammengenagelt und mit alten Kinderwagenrädern versehen hatte. Aus Abfallholz baute ich mir häufig Holzgewehre.

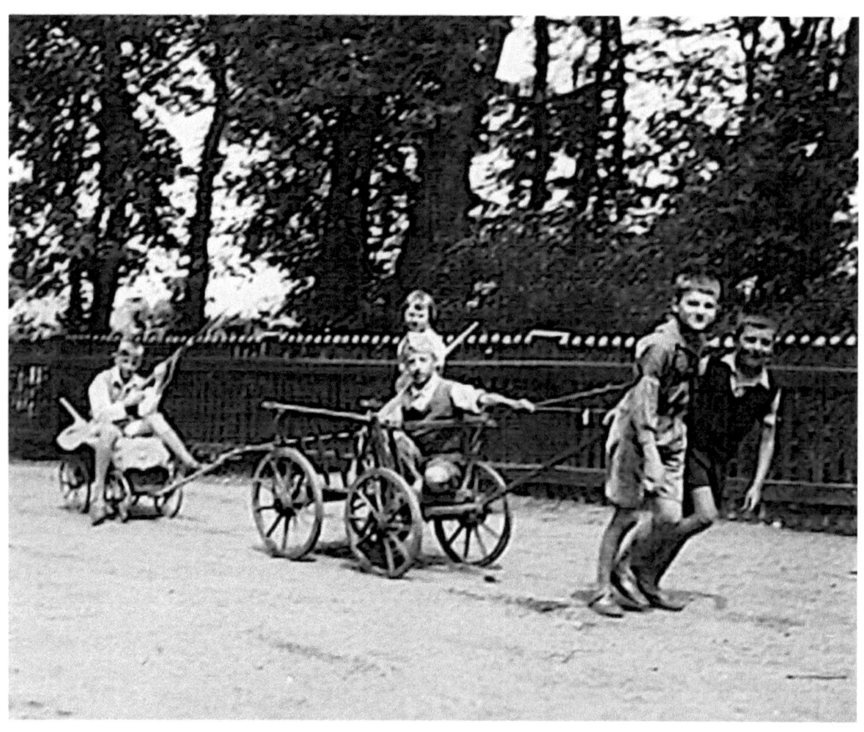

Gerd mit seinem „Wagentross"

Mit Wagen jeglicher Art spielte ich von klein auf am liebsten. Ich baute mir Straßen durchs Gebüsch im Gelände und benutzte meinen Selbstfahrer als Zugmaschine. Später rückte dann das Fahrrad unter meinen „Fahrzeugen“ zum Spielen an die erste Stelle.

Betrat man früher das Schützenhaus vom Haupteingang, dann gelangte man zuerst in einen langen Flur. Über den Vorraum erreichte man den eigentlichen Gastraum. Nach dem Umbau ging es vom Flur in den Gastraum. Eine Treppe führte nach oben zum Schlaf- und Wohnzimmer meiner Großeltern. In der einen Hälfte standen die Ehebetten und in der anderen befand sich ein Schreibtisch, ein antikes Sofa und ein Tisch mit Stühlen. Ging ich in den Frühlingsabenden dort oben schlafen, hörte ich öfter die Nachtigall singen, die sich in den Laubbäumen des Schützengartens versteckte.

Wollte ich zum Schützenhausgarten hinaus, musste ich zuerst durch die offene Scheibenhalle gehen. Der Fußboden war aus Beton. und hier standen die grün-rot gestrichenen Holztische und Stühle. An der Decke hingen die Schützenscheiben vom traditionellen jährlichen Königsschießen der Schützengilde zu Pfingsten. Die Holzscheiben waren ein bis zwei cm dick und hatten einen Durchmesser von ca. 60 cm. Auf jeder Scheibe befand sich ein Ölgemälde, das auf ein besonderes Ereignis in Storkow hinwies. Meist war es vom vergangenen Jahr und mit einem passenden Spruch umrahmt. Ich erinnere mich, dass dort fast einhundert Scheiben hingen. Die älteste stammte aus den dreißiger Jahren des 19. Jahrhunderts. Sie gaben eine historische Darstellung Storkows über ein Jahrhundert wieder. Ein paar Scheibengemälde sind mir noch gut in Erinnerung: das Wasserflugzeug DO X auf dem Storkower See, das neue Gebäude der Badeanstalt, das Gebäude der Ortskrankenkasse in der Gerichtsstraße sowie der Jahnsportplatz an der Fürstenwalder Straße.

Der Schützenhausgarten, rechts der Musikpavillon

Im Sommer standen im Schützenhausgarten die Tische und Stühle unter den Robinien. Von der Scheibenhalle aus konnte man rechts hinten den Musikpavillon sehen. Es war ein großartiger Holzbau in Form einer Halbkugel, der akustisch hervorragend gewesen sein soll. In ihm fand sogar ein größeres Orchester Platz. Mein Vater erzählte mir, dass fast in jedem Jahr ein Musikprofessor aus Berlin mit seinen Studenten kam, um ihnen diesen akustisch vortrefflichen Musikpavillon vorzustellen.

Mir sind zwei größere Konzerte in Erinnerung, die von Militärkapellen veranstaltet wurden. Es spielten das Musikkorps eines Reiterregiments, (wahrscheinlich das des Reiterregiments 9 aus Fürstenwalde) und das der „Leibstandarte SS Adolf Hitler". Mir klingen noch die Märsche in den Ohren, und ich sehe die schneidigen Fanfarenbläser und die Kesselpauker vor mir. Im Schützenhausgarten waren bei diesen Konzerten alle Tische besetzt. Die mit schwarzer Fliege, weißem Jackett und schwarzer Hose bekleideten Kellner eilten von Tisch zu Tisch, sie hatten alle Hände voll zu tun. Es konnten im Schützenhausgarten immerhin einige Hundert Menschen Platz finden.

Im Frühjahr wurde Tisch für Tisch und Stuhl für Stuhl überprüft, wenn nötig repariert und mit neuer Farbe versehen. Die hölzernen Sitzbretter und die Lehnen der Stühle sowie die Tischplatten waren rot und dazu die Eisengestelle grün gestrichen.

Am 1. Mai standen dann alle Tische und Stühle im Schützenhausgarten, es war quasi der Auftakt für den sommerlichen Gartenbetrieb. An diesem Tag kamen die Unternehmer mit ihren Arbeitern und feierten gemeinsam feuchtfröhlich den 1. Mai. Der Besitzer vom Kalksandsteinwerk saß mit seinen Arbeitern im Garten um ein Bierfass, das extra für die Belegschaft dort angesteckt worden war.

An Sonntagen wurden auf den Tischen rot-weiß gemusterte Tischdecken aufgelegt, in denen der Name „Schützenhaus" eingewebt war.

Bei größeren Veranstaltungen war im Schützenhaus die Hilfe meiner Eltern besonders gefragt. Ich durfte dann immer etwas länger aufbleiben und bekam mein Bett auf dem Sofa im Schlafzimmer meiner Großeltern.

Mein Onkel Kurt spielte mit seinem Freund Seiler an Sonntagen vor Tanzveranstaltungen zum Nachmittagskaffee auf. Sie boten mit Klavier und Geige den Gästen Kaffeehausmelodien dar.

Die Preismaskenbälle in den Wintermonaten waren für mich Anlass, meine Mutter zu bitten, länger als gewöhnlich aufbleiben zu dürfen. Ich sah dann von der Küchentür aus dem Treiben der Maskierten im Saal zu. Jedes Mal wenn eine neue Maske den Saal betrat, wurde von der Kapelle ein Tusch gespielt. Es war für mich sehr aufregend, die verschiedensten originell maskierten Personen zu bestaunen. In später Abendstunde brachte mich dann meine Mutter auf dem Sofa im Schlafzimmer meiner Großeltern zu Bett. Ich lag nach diesem Erlebnis noch lange wach und lauschte den Stimmen der fröhlichen Menschen in der Gaststube und hörte auch die Tanzmusik, die bei jedem Öffnen der Saaltür lautstark bis zu mir drang.

Am nächsten Morgen war mein erster Gang in den Saal, wo ich nach leeren Zigarettenschachteln Ausschau hielt. Ich suchte in ihnen nach Bildern und Bilderschecks, um mir die verschiedensten Zigarettenalben erwerben zu können. Noch heute besitze ich die Alben „Deutsche Volkstrachten", „Der Weltkrieg", „Die deutsche Wehrmacht" (1936), „Deutsche Kolonien" (1936), „Deutscher Sport" (1936), „Aus Deutschlands Vogelwelt" (1936), „Aus Wald und Flur - Pflanzen unserer Heimat" (1937) und „Aus Wald und Flur - Tiere unserer Heimat" (1938). Die Ausbeute an Bilderschecks war nach größeren Versammlungen im Saal immer sehr umfangreich. Nach den kreisweiten Lehrertagungen blieb meistens Werbematerial für den Schulbedarf auf den Tischen im Saal liegen, für mich richtige Schätze. Die verschiedensten Firmen brachten ihre Werbematerialien mit, die aber viele Lehrer unbeachtet liegen ließen. Ich erkannte hier eine reiche Fundgrube, die sofort meine Sammelleidenschaft weckte. Nach dem Krieg fand ich noch Stahlfedern auf einem Kartonblatt eingesteckt. Sie stammten aus damaliger Zeit.

Interessant waren für mich auch die Trainingsabende im Saal der Radballer. Ich saß dann am Rande und schaute zu, wie sie mit ihren Rädern geschickt dem Ball nachjagten, um Tore zu schießen.

An den Wochentagen war der Saal nachmittags leer. Ich setzte mich dann an einen Tisch ans Fenster und machte meine Schularbeiten. Die Größe und Leere des Saales störte mich dabei nicht.

War ein größerer Tanzabend angesagt, dann musste der Parkettboden des Saales blitzblank gereinigt und gebohnert sein. In mühevoller Arbeit wurde er tags zuvor mit Stahlspänen bearbeitet, d.h. gereinigt und anschließend gebohnert. Ich konnte nach dieser mühevollen Prozedur einfach nicht widerstehen, auf dem glatten Boden zu schlittern, was folglich Ermahnungen vom Großvater einbrachte.

An meinen Geburtstagen durfte ich allerdings mit meinen Gästen im Saal spielen, was großen Spaß machte, zumal wir uns auf dem Parkettfußboden nach Herzenslust austoben konnten.

Vor der Bühne war ein schwerer, weinroter zweiteiliger Vorhang angebracht. Auf der Bühne stand ein Klavier, auf dem ich manchmal drauf los klimperte, was nicht gern gesehen wurde. Die Töne hallten nämlich laut und disharmonisch durch den Saal.

Einmal durfte ich an einem Laienspiel teilnehmen, das war für mich sehr aufregend. Ich stand auf der Bühne im Rampenlicht und musste vor den vielen Zuschauern im Saal meinen Text sprechen.

Im Herbst fanden im Vereinszimmer die Winzerfeste statt. Dazu wurden separate Nischen aus Holzgestellen errichtet, die mit künstlichen Weinlaubreben umrankt waren. Es waren kleine lauschige Plätze für Liebespärchen.

Ende der dreißiger Jahre hatte die SS das Vereinszimmer für ihre Zusammenkünfte in Beschlag genommen und sogar das Schützenhaus zum SS-Sturmlokal auserwählt. Am Eingang vor dem Haus wurde ein erleuchteter Glaskasten angebracht. Jetzt konnte jeder lesen, dass hier die SS ihr Sturmlokal hatte.

Auf dem Schützenhausgelände befanden sich auch die Schießbahnen.

Die offenen Schießanlagen, gezeichnet v. Gerhard Tschechne

Eine war 125 m lang. Sie begann in der Nähe des Schützenhauses und verlief links vom Schützenhausgarten. Die Schießbahn war mit bewachsenen hohen Sandwällen eingegrenzt. Eine 30 m lange, 2 m hohe und 12 cm dicke Schussblende auf beiden Seiten verhinderte, dass Fehlschüsse die Bahn verließen. Der Kugelfang am Ende der Schießbahn bestand aus einem hoch aufgeschütteten Sandberg. In ihm wühlte ich öfter mit meinen Spielkameraden nach den Bleikugeln, die wir auch fanden. Wir kamen uns dabei wie Goldsucher vor.

Ein Trupp von etwa 30 Arbeitsdienstmännern im Drillichzeug besserten mit Spaten die Wälle und auch den Kugelfang aus. Vor dem Kugelfang war eine gemauerte zwei Meter tiefe Grube - die Scheibenanlage. Hier befanden sich vier mechanische Vorrichtungen, mit denen man über Rollen die Scheiben hoch und runter ziehen konnte. Neben jeder Scheibenanlage gab es eine Schussanzeigetafel, an ihr konnte das Schussergebnis angezeigt werden.

Diese Anlage wurden von Herrn Nischan, dem „Scheibenmeister", bedient.

Von außen führte ein Gang zu dieser Bedienungsanlage, so dass man sie auch während des Schießens geschützt betreten und verlassen konnte.

Alle Schießbahnen besaßen Schießhallen. In der großen Schießhalle hatten die Mitglieder der Schützengilde ihre Gewehrschränke. Der Kleinkaliberschießstand wurde von der SA, der SS, der HJ und anderen Organisationen oft benutzt. Auch die Gendarmen kamen und übten sich im Pistolenschießen.

Ein besonderes Ereignis ließ mich auf dem Schützenplatz zum interessierten Zuschauer werden. Es war eine Pferdemusterung durch Militär-Veterinäre. Alle Pferdebesitzer aus Storkows Umgebung mussten sich aus diesem Anlass mit ihren Pferden zum Schützenplatz begeben. An den Tagen der Musterungen standen Pferde in einer sehr großen Anzahl und auch Pferdewagen auf dem Schützenplatz. Die Musterung der einzelnen Pferde nahm geraume Zeit in Anspruch.

Fanden in Storkows Umgebung Manöver statt, dann war der Schützenplatz auch wieder gefragt. Die verschiedensten Militärfahrzeuge füllten ihn tagelang, und wir Jungen waren zwischen ihnen anzutreffen und bewunderten sie. Ein ununterbrochenes Kommen und Gehen von Soldaten war im Schützenhaus zu beobachten; dort musste der Manöverstab sein Quartier bezogen haben. Für uns Kinder war dieses Treiben eine geheimnisvolle Welt, in die wir einen Blick hinein werfen durften.

Die Storkower Schule veranstaltete einmal im Jahr auf dem Schützenplatz ein Kinderfest. Die Klassenlehrer kamen mit ihren Klassen nach einem Schulumzug durch die Stadt zum Schützenplatz, wo dann jeder Klassenlehrer mit seiner Klasse die verschiedensten Wettspiele abhielt. In den unteren Klassenstufen war das Eierlaufen, das Sackhüpfen sowie das Topfschlagen und in den oberen Klassen der Reiterkampf bei den Jungen sehr beliebt. Die Sieger wurden mit Süßigkeiten bzw. mit kleinen Geschenken belohnt. An diesem Tage herrschte auf dem Schützenplatz eine lustige Betriebsamkeit. Im Schützenhaus hatten die Eltern weiß gedeckte Tafeln aus zusammengestellten Gartentischen hergerichtet, an denen wir Kinder unseren Muckefuck und Kuchen bekamen..

Alles was ich auf dem Schützenplatz erlebte, wurde vom jährlichen Pfingstfest übertroffen. Die Schützengilde führte ihr Königsschießen auf dem Schießstand hinter dem Schützenhaus durch, was mit einem großen Fest im Schützenhaus und auf dem Schützenplatz verbunden war.

Vor den Festtagen tat sich auf dem Schützenplatz so einiges. Schausteller reisten an und errichteten auf ihm ihre Karussels und Buden. Der Schützenhauswirt holte sein Bierzeltgerüst aus Rundhölzern hervor und baute es auf dem Schützenplatz auf. Nachdem es stand wurde eine große Plane darüber gespannt, Tische und Stühle ins Zelt gestellt und ein Wagen als Bierausschank an die eine Zeltgiebelseite gefahren.

Rummel auf dem Schützenhausplatz (1935)

Schützenverein vor dem Schießstand (1908)

Auf dem Schützenplatz. gab es noch ein zweites Bierzelt in gleicher Größe, es gehörte dem Gastwirt Jansen. In diesem Bierzelt befand sich in einer Ecke ein aus Balken und Brettern gezimmerter Schankstand und einige Regale. Dieses Bierzelt diente uns Jungen zum Klettern und zum Spielen nach den Pfingsttagen, denn Jansen ließ sich mit dem Abbau seines Zeltes viel Zeit.

Neben den genannten Bierzelten reihte sich Bude an Bude mit vielen Glücksspielen.

Am Pfingstsonntag kam dann die Schützengilde mit ihrer Fahne anmarschiert. Traditionell in ihren grün-weißen Schützenuniformen, reichlich geschmückt mit Orden. Vor dem Schützenhaus hielt der Schützenzug an und nahm Front zur offenen Saaltür ein. Das folgende Zeremoniell lief wie in jedem Jahr ab.

Bei dem Einmarsch mit der Fahne in den Saal wurde der Präsentiermarsch gespielt. Ich fand das sehr militärisch. Hunderte Storkower wohnten dem Schauspiel bei.

Das Königsschießen begann kurz danach auf dem großen Schießstand. Währenddessen drehten sich auf dem Schützenplatz die Karussels. Die Schausteller versuchten lauthals, die Zuschauer anzulocken. Die Sitzplätze im Schützenhausgarten und in den Bierzelten auf dem Schützenplatz füllten sich. Viele kamen von auswärts, um diesen Pfingsttrubel mitzuerleben. Er ging bis in die Nacht hinein. Am zweiten Pfingstfeiertag ging das Spektakel auf dem Schützenplatzgelände weiter. Es wurde der Schützenkönig gekrönt.

Eine Schützenscheibe
(Entwurf von Gerhard Tschechne)

Ich kann mich auch noch an ein ganz anderes Ereignis auf dem See erinnern: Das Wasserflugzeug DO X landete auf ihm! Es muss 1933 gewesen sein. Ein Foto erinnert mich daran. Dieses „fliegende Schiff“ galt damals als „Wunderwerk der deutschen Technik“. Es war sogar eine Besichtigung möglich. Man gelangte jedoch nur mit einem Ruderboot zu dem im See verankerten „Flugriesen“.

Das Wasserflugzeug DO X , 1933

Mein Vater nahm mich zu einer Besichtigung mit. Wir sahen uns das Flugzeug von außen und innen an. Neben den schon allein großen äußeren Ausmaßen (Tragflächenweite 48 m) war ich von der Innenausstattung begeistert. Es fanden immerhin 159 Passagiere in ihm Platz. Als DO X zum Abflug startete, stand ich am Ufer. Ein ohrenbetäubendes Motorengeräusch, erzeugt von 12 luftgekühlten 9-Zylinder-Siemens-Jupiter-Motoren, schallte zu mir herüber. Zuerst glitt es über den See, dann hob es sich Meter für Meter aus dem Wasser und flog dann in Richtung Storkower Hintersee in die Höhe und verschwand. Für mich ein unvergesslicher Anblick. Die Storkower Schützengilde nahm dieses DO X-

Erlebnis zum Anlass, ihre Schützenscheibe zum nächsten Königsschießen zu Pfingsten mit diesem Motiv zu gestalten.

Standen keine Schießübungen an, spielte ich gern auf dem Schützenhausgelände, in dem sich ja auch die Schießbahnen befanden. Es machte mir mit meinen Freunden Spaß, die zum Teil steilen Wälle zu erklettern und in die Gruben der Scheibenanlagen hinabzusteigen. Es war für mich eine ideale, romantische, gebirgige Landschaft, in der ich mich aber nicht erwischen lassen durfte. Aber auch andere Jungen spielten hier gern. Sie hatten die Stacheldrahtumzäunung des Waldgrundstückes überwunden, um ungesehen den Schießplatz zu betreten. Eines Tages merkte mein Großvater, dass Kinder in den Schießbahnen spielten. Er rief mich zu sich, um mit mir die Schießbahnen zu inspizieren. Er nahm seinen Schäferhund „Treu" mit. Als wir durch die Schießbahnen gingen, war kein Junge zu sehen. Sie hatten unser Nahen bemerkt und sich zurückgezogen. In der Grube einer Scheibenanlage sahen wir meinen Freund Horst Daniel am Boden liegen. Er war an eine Leiter gefesselt. Ich musste hinunterklettern und ihn befreien. Horst glaubte, ein Donnerwetter würde über ihn ergehen, aber mein Großvater ermahnte ihn ruhig, drohte ihm aber, sich nicht noch einmal hier erwischen zu lassen und ließ ihn den offiziellen Weg nach Hause gehen.

Am Rande des großen Schützenhausgartens stand ein längliches Gebäude mit zwei Kegelbahnen. Ein kleiner beheizbarer Vorraum machte das Kegeln über das ganze Jahr vom Wetter unabhängig. Das war für die Storkower Kegelfreunde sehr günstig, so konnten sie regelmäßig einmal in der Woche nach ihrem festgelegten Zeitplan kegeln. Der bekannteste Kegelklub nannte sich „Um ihn", er trat mit einheitlicher Kleidung auf und nahm an Vergleichskämpfen teil. Mein Vater gehörte zu ihm. Zu Hause auf seinem Schreibtisch stand jahrelang ein von ihm gewonnener Pokal. Dieser Klub bestand vorwiegend aus Geschäftsinhabern,

Postangestellten, sowie Verwaltungssekretäre. Die Mitglieder in den einzelnen Kegelklubs kamen meist aus den gleichen Berufsgruppen.

Die Kegel mussten damals manuell aufgesetzt werden. Das tat Herr Böhme. Er setzte die Kegel geschickt und schnell auf und das auf beiden Kegelbahnen. Er verdiente sich so etwas Geld nebenbei. An zwei Nachmittagen in der Woche kegelten einmal die Lehrer und zum anderen die Akademiker. Die Lehrer kegelten am Mittwochnachmittag. Es fehlten zu dieser Zeit oft Kegelaufsetzer. Da ich mich täglich bei meinen Großeltern im Schützenhaus aufhielt und mit meinen Freunden dort spielte, wurde ich angesprochen, ob wir nicht Lust hätten, Kegel aufzusetzen. Wir stimmten dem gerne zu, zumal das Aufsetzen der Kegel entlohnt wurde.

Während des Kegelns versorgte mein Onkel, Kurt Tschechne, pausenlos die Kegler mit Getränken. Nach dem Kegeln fanden sich noch einige zur Skatrunde am Stammtisch im Schützenhaus ein, wo dann bis kurz vor Mitternacht tüchtig Skat gespielt wurde.

Im Jahresverlauf kam es öfter vor, dass sonntags Berliner Kegelklubs ihre „Fahrt ins Blaue" nach Storkow unternahmen und dann ausgiebig auf den Bahnen ihre Kugeln schoben.

Einen besonderen Höhepunkt gab es am Himmelfahrtstag. Verschiedene Kegelklubs unterbrachen ihre Himmelfahrtstour in Storkow und begaben sich zum Kegeln ins Schützenhaus. Es ging dann vom frühen Vormittag bis spät abends auf den Kegelbahnen hoch her. Da die Kegelklubs sich vorher anmeldeten, war eine geregelte zeitliche Ablösung gesichert. Zum Aufsetzen der Kegel fand sich Herr Böhme ein. Er ließ sich die Geldeinnahme nicht entgehen. Wir Jungen waren an diesem Tag nur Zuschauer.

Rings um den Schützenplatz standen Robinien. Der Abstand der Bäume zueinander war so günstig, dass wir die Robinien als

Abgrenzung für Fußballtore nehmen konnten. Fast an jedem Nachmittag war Betrieb auf dem Platz. Es kamen die Jungen der Umgebung, um dort Fußball zu spielen. Auch ich spielte öfter mit. Mich zog es aber mehr zum Tennisplatz, der am Rande des Schützenplatzes lag. Wurde dort gespielt, schaute ich zu, las auch Bälle auf, wobei ich mir ein paar Groschen verdiente. Den Tennisplatz säumten Linden ein, und an den Stirnseiten standen ca. 3 ½ m hohe Ballfangdrahtgitter.

Als Zehnjähriger begann mein Interesse für den Tennissport. Ich stand oft am Zaun des Tennisplatzes und schaute dem Tennisspiel der Erwachsenen zu. Es kam auch vor, wenn gerade kein Balljunge zur Stelle war, dass man mich ansprach, ob ich nicht Bälle auflesen möchte, was ich dann gerne tat. In den Spielpausen durfte ich mit einem anderen Balljungen selbst die Bälle übers Netz schlagen. Meine Begeisterung für den Tennissport wuchs so von Jahr zu Jahr immer mehr, so dass ich mit dreizehn Jahren anfing, mit meinem Freund Horst Daniel Tennis zu spielen. Er hatte zu Hause mehrere Tennisschläger und auch Tennisbälle. Seine älteren Geschwister gehörten dem Tennisclub „Grün-Weiß1923" an. Auch Horst wurde Mitglied, dann schließlich auch ich. Herrschte schönes Wetter und spielte niemand, dann waren wir beide auf dem Tennisplatz anzutreffen.

Der Tennisplatz war in seiner Anlage ein Hartplatz mit einer lehmigen Deckschicht. Er bedurfte ständig einer sehr sorgfältigen Pflege.

1938 gab es bei der Suche nach einem Platzmeister große Schwierigkeiten. Es fand sich keiner, der den Tennisplatz warten wollte. So übernahmen Horst Daniel und ich die Platzpflege, was uns nicht schwer fiel. Wir walzten den Platz, hielten ihn an heißen Sommertagen feucht, zogen ihn mit alten Netzresten ab und weißten mit Schlämmkreide die Linien nach. Wir fühlten uns auf dem Platz sehr wohl und kamen durch unsere Arbeit mit

Wilhelm, Gerd, Werner und Horst auf dem Tennisplatz

den Spielern enger in Kontakt. Mit Übernahme der Platzpflege waren Horst Daniel und ich fast täglich nach der Schule auf dem Tennisplatz anzutreffen. Wir warteten ihn, spielten aber auch selbst gern. Wilhelm Bibler und Werner Neumeyer gesellten sich oft zu uns und spielten mit.

Fanden in den Sommermonaten am Nachmittag Wettkämpfe statt, so kamen abends die älteren Mitglieder des Klubs zum Spielen. Sie spielten gelassen, mehr aus Freude am Tennis.

Der Beginn der Geschichte des Tennisklubs ist auf das Jahr 1923 zurückzuführen, wie es der Name des Klubs „Grün-Weiß 1923" aussagt. Bekannt ist, dass die Tennisausrüstung und die dazugehörige Bekleidung sehr kostenaufwändig war, so dass ganz zum Anfang nur die Begüterten den Tennissport betreiben konnten. Hinzu kamen auch noch die nicht unerheblichen Kosten zur Erhaltung des Tennisplatzes.

Mit der Gründung des Tennisklubs begann damals bereits ein wettkampfmäßiges Spielen im Klubs und auch außerhalb auf Turnieren. Mit jedem Turnierspiel trat man an die Öffentlichkeit. Zuschauer fanden sich am Tennisplatz ein, um den Turnierspielen beizuwohnen. Jeder Turnierteilnehmer zeigte ja schließlich sein bestes spielerisches Können. Das Turnierergebnis stand danach im Storkower Lokalanzeiger.

Zwischen dem Schützenhausgrundstück und dem höher gelegenen Friedhof führte ein Waldweg im weiteren Verlauf durch die „Schinderfichten" zur Abdeckerei des Abdeckers Flügel in der Nähe des Kalksandsteinwerkes. Näherte ich mich auf diesem Weg der Abdeckerei, um so unangenehmer wurde für mich der Verwesungsgeruch. An manchen Tagen zogen mit den Ostwinden diese üblen „Duftwolken" lästig für jedermann über den Schützenplatz stadtwärts.

Auf dem Weg zur Abdeckerei standen an der Schützenplatzecke öfter Zigeuner mit ihren Wohnwagen. Sie blieben dort mehrere Tage, was nicht sehr gern gesehen wurde. Einige boten sich zwar an, Schirme zu reparieren oder Töpfe zu flicken, wogegen aber andere unklaren, dunklen Geschäften nachgingen. Ihre Frauen kamen ins Haus und wollten auf mannigfaltige Art Wahrsagen.

Im „Storkower Lokalanzeiger" vom 26.11.1932 stand dann folgendes:

> „Von Zigeunerinnen betrogen wurde gestern Vormittag die 73 Jahre alte Ehefrau des Arbeiters Hermann Schulze in der Reichenwalder Straße. Bei der alten Frau erschienen zwei Zigeunerinnen und wollten Wahrsagen. Als Frau Schulze sie nicht loswerden konnte, kaufte sie ihnen in ihrer Angst ein angebotenes Band ab. Beim Bezahlen beging die Frau den Leichtsinn, den gefüllten Geldbeutel zu zeigen. Jetzt begann bei den Zigeunerinnen der übliche Hokus Pokus. Sie ließen

sich die Geldtasche geben und murmelten Allerlei „Zauberformeln“, vergaßen aber dabei nicht, die Tasche heimlich um etwa zwanzig Mark zu erleichtern. Zum Schluss vergaßen sie auch nicht, der Frau einzuschärfen, über den Vorfall 9 Tage nicht zu sprechen. Kaum waren die Frauen verschwunden, bemerkte Frau Schulze den Diebstahl und benachrichtigte sofort die Polizei. Es konnte festgestellt werden, dass die Betrügerinnen zu den am Schützenplatz stehenden Zigeunerinnen gehörten. Eine sofort vorgenommene Durchsuchung blieb erfolglos, da die beiden Zigeunerinnen bereits das Weite gesucht hatten.“

Diagonal über den Schützenplatz führte ein Weg zum Friedhof, den beidseitig Robinien säumten. Er besteht noch heute. Auf ihm sah ich oft Trauernde zum Friedhof gehen, um den Verstorbenen die letzte Ehre zu erweisen.

Wurde ein Mitglied der Schützengilde beigesetzt, kam der Trauerzug von der Stadt her mit langsamen Schritt über diesen Weg zum Friedhof, angeführt von einer Musikkapelle, die getragene Musik spielte. Wir Kinder folgten diesem Trauerzug und schauten mit respektvollem Abstand der Beisetzung zu. Uns reizte besonders das Salut schießen, aber auch die Kapelle, die immer „Ich hat` einen Kameraden, einen bessern find`st du nit“ am Grab spielte. Nach der Beisetzung gingen alle schweigend vom Friedhof. Kaum hatte die Kapelle das Friedhofstor hinter sich gelassen, so spielte sie in voller Lautstärke „Und wieder eine Seele vom Alkohol befreit“. Im forschen Marschschritt ging die Trauergemeinde zum Schützenhaus, wo dann in fröhlicher Runde das Fell des Verstorbenen im Saal versoffen wurde.

Eine Beerdigung anderer Art fand unter den SA-Männern statt. Herr Hartwig, wohnhaft im Stadthaus in der verlängerten Schützenstraße, verstarb. Er war ein SA-Mann und die Beisetzung erfolgte zeremoniell im Sinne seines SA-Sturmes. Ich sah eine große Schar uniformierter SA-Männer mit ihren Fahnen im schweren Gleichschritt über den Schützenplatz zum Friedhof marschieren. Der Sturmriemen an der Mütze umspannte das Kinn. Am Grab wurden mehrere Reden gehalten, dann senkten die Fahnenträger die Fahnen, die SA-Männer hoben den rechten Arm zum Gruß und sangen das „Horst-Wessel-Lied“. Wir Jungen standen etwas abseits und beobachteten diese Zeremonie.

Es war eine turbulente und spannende Kindheit, die ich im Schützenhaus erlebt hatte.

Meine Grundschulzeit in der Altstadtschule in Storkow

Meine Einschulung in der Storkower Altstadtschule fand am 01.04.1931 statt. Nach der ersten Unterrichtsstunde überreichte mir mein künftiger Klassenlehrer eine große Schultüte, randvoll mit Süßigkeiten gefüllt. Mit der Schultüte im Arm und der ledernen Schulmappe auf dem Rücken ging ich freudestrahlend nach Hause. An der Mappe flatterte bei jedem Schritt ein kleiner Lappen wie ein Fähnchen im Wind, und ein Schwamm schaukelte an einer Schnur hin und her. Dies war ab jetzt mein täglicher Schulweg: die Fürstenwalder Straße entlang zur Altstadtschule hin und zurück.

In Storkow war es damals üblich, dass ein Lehrer die ersten vier Schuljahre eine Klasse als Klassenlehrer führte. Auch unterrichtete er die Schüler allein in allen Fächern. Wir waren 29 Jungen in der Klasse. Unser Klassenlehrer hieß Herr Alfred Weigel, er war sehr streng. Mädchen waren nicht vertreten, sie erhielten in separaten Mädchenklassen ihre Unterrichtsstunden.

Unser Klassenraum war in meiner Schulzeit kahl und nüchtern. Die Wände hatten etwa 1,5 m hoch einen hellen Anstrich aus Ölfarbe, darüber waren sie bis zur Decke pastellfarbig getüncht. Die unteren Fensterscheiben bestanden aus Milchglas, so dass wir von den Bänken aus nicht zur Straße sehen konnten. Wandschmuck gab es nicht. Der Raum war bewusst einfach gehalten ein nüchtern gehaltener, er sollte jede Ablenkung vom Lernen verhindern, zumal der Lehrer vorn am erhöhten Lehrerpult thronte und uns zur Aufmerksamkeit zwang.

In der Weihnachtszeit hing für vier Wochen im vorderen Drittel des Klassenraumes ein schöner großer Adventskranz mit vier Kerzen. Dieser Zierrat mit roten Bändern war befestigt an einem Deckenhaken, der sich nur zu diesem Zweck dort befand. Nach jedem Adventssonntag wurde am folgenden Montag je eine Kerze mehr in der ersten Unterrichtsstunde entzündet, was uns weihnachtlich einstimmte.

Im ersten Schuljahr bestanden die Schulutensilien in meiner Mappe aus einer Fibel, einem Holzfederkasten mit Griffeln und einer Schiefertafel im Holzrahmen, an dem der nasse Schwamm und der kleine trockene Lappen hingen. Beides benutzte ich zum Reinigen der Schiefertafel. Auf dieser erfolgten nämlich meine ersten Schreibversuche.

Ich erlernte zuerst noch die deutsche Schrift (Sütterlin-Schrift). Der erste von mir geschriebene Buchstabe war das „i“, das ich reihenweise auf die Tafel schreiben musste. Auch die erste Fibelseite begann mit dem in Schreibschrift gedrucktem „i“. Ein großer Tintenklecks diente dabei als Eselsbrücke. Sah ich ihn, musste ich mein Entsetzen mit einem laut gesprochenem „i“ zum Ausdruck bringen. Das erste „i“-Schreiben begann mit Vorübungen im Klassenraum: Wir haben mit dem rechten Zeigefinger gemeinsam das „i“ mehrmals in die Luft „geschrieben“. Dann erst durften wir den Griffel nehmen und auf die Schiefertafel zwischen roten vorgegebenen Hilfslinien das „i“ schreiben. So lernten wir nach und nach analog dieser Methode die weiteren Buchstaben in der Sütterlin-Schrift.

Schiefertafel und Griffel gehörten nach einiger Zeit der Vergangenheit an, dafür kamen der Bleistift und das Schreibheft zum Einsatz. Zum Bleistift gehörte auch ein Radiergummi und ein Anspitzer.

Der Bleistift wurde bald abgelöst von einem Federhalter. Dieses Gerät bestand aus einem Holzgriff, in dem eine Stahlfeder mit einer abgeflachten Spitze steckte. Die Stahlfeder nutzte sich rasch ab und ließ sich bequem auswechseln. Um mit dem Federhalter schreiben zu können, wurde er in Tinte getaucht. Es erforderte einiges Geschick, damit die richtige Menge an Tinte haften blieb.

Tinte gab es in der Schule. An jedem Platz befand sich ein gläsernes Tintenfässchen, das in der dicken Holzplatte vom Schreibtisch steckte und verschließbar war. Für Tinte sorgte der Hausmeister Schulz. Er füllte die Tintenfässer täglich aus einer großen Tintenflasche auf.

Ich schrieb damals eine saubere, fast gedruckte deutsche Schrift. Es war kein Wunder: denn wir hatten ein Unterrichtsfach das hieß „Schönschreiben".

In den ersten vier Schuljahren herrschte in unserer Klasse eine ausgezeichnete Disziplin. Viele Lehrer besaßen einen Rohrstock, um sich die erforderliche Autorität zu verschaffen. Mein Klassenlehrer hat ihn selten zur Züchtigung benutzt. Ich kann mich jedenfalls an keine Schläge von ihm mit einem Rohrstock erinnern. Anders verhielt sich der Lehrer Neumeyer, er hatte bei seiner Pausenaufsicht den Rohrstock im Ärmel seines Jacketts verborgen. Wenn einer von den Schülern wagte zu trödeln, dann zog er blitzschnell den Rohrstock aus seinem Ärmel hervor und verhalf dem Jungen mit einem gezielten Schlag zur schnelleren Bewegung.

Es muss um 1933 gewesen sein, ich war damals 8 Jahre alt, als meine Schulkameraden mit selbst gebastelten Blasrohren spielten. Diese waren aus frischen Holundertrieben gefertigt. Aus Papier und Spucke rollten sie kleine Kügelchen, die als Munition für das Holunderrohr zum Einsatz kamen. Damit ließen sich ganz wunderbar die ahnungslosen Schüler aus dem Hinterhalt beschießen. Andere Kinder wiederum bohrten in ein hohles Röhrchen Löcher. Sie versuchten damit, Töne wie auf einer Flöte zu erzeugen.

Ich fand Gefallen an solch einem Blasrohr und hätte gern für mich eines gebastelt. Meinen Wunsch teilte ich einem Schulfreund mit, der sich mit der Anfertigung dieser Röhrchen gut auskannte. Er führte mich zu den Scheunen an der Reichenwalder Straße. Das Spielen war dort für uns Kinder verboten, das erhöhte natürlich den Reiz an den auserwählten Holunderbüschen. Voller Interesse betrachtete ich dieses mir unbekannte Scheunenviertel.

Diese Bauwerke erschienen mir damals in meinem Alter ungewöhnlich hoch zu sein. Sie besaßen alle gewaltige Scheunentore. Vor einer Scheune fiel mir ein vertiefter ausgetretener kreisförmiger Rundgang auf, wie mit einem großen breiten Zirkel gezogen. Er erinnerte mich an die Manege im Zirkus, wo Artisten auf Pferden im Kreis ihre Vorführungen zeigten. In der Mitte dieses Rundganges befand sich ein Göpel. An ihm konnte eine längere Stange befestigt werden, an deren Ende ein Pferd vorgespannt wurde. Das Tier musste immer im gleichen Abstand im Kreis um den Göpel herum gehen. So trieb es mit seiner Zugkraft das Göpelwerk an, das wiederum in der Scheune die Dreschmaschine in Gang setzte. Ich wusste, dass es so geschieht, sah aber nie diesen Vorgang in seiner Tätigkeit. Es lag wohl daran, dass wir Kinder eben nichts dort im Scheunenviertel zu suchen hatten. Trotz Verbots schlichen wir uns heimlich in das Scheunenviertel. In der letzten Reihe passierten wir einen Durchgang, denn hinter den Scheunen wuchs das, was wir brauchten: nämlich wunderschöne Holundersträucher. Wir suchten uns drei gerade gewachsene Holundertriebe aus und schnitten sie geschickt mit einem Taschenmesser ab. Dann entfernten wir die Blätter und zerlegten die kahlen Zweige vorsichtig in 12 bis 17 cm lange Stücke. Nach dieser zeitraubenden Arbeit krochen wir mit unserer Beute aus dem Versteck hervor. Dabei spähten wir aufmerksam nach links und rechts zwischen die Scheunen, um nicht erwischt zu werden.

Jetzt begann zu Hause die mühsame Arbeit des Aushöhlens der Holunderstäbe, was nicht immer gelang. Da ich aber vorsorglich mehrere Holunderstücke hatte, gelang es mir schließlich ein Aststück vom weichen Mark zu befreien. Dieses glatte Rohr konnte ich bald erfolgreich als Blasrohr einsetzten. Ich füllte es mit Erbsen oder mit Papierkugeln. Es machte Spaß, andere Mitschüler damit zu treffen. Die Anfertigung einer „Flöte“ aus einem Holunderstück gelang auch mir nicht.

Meine ersten beiden Schuljahren vergingen ohne nachhaltige Erinnerungen. In den folgenden beiden Jahren gab es viele spannende Stunden, die mich tief beeindruckten. Mein Klassenlehrer Alfred Weigel hat es verstanden, den Heimatkundeunterricht sehr anschaulich und interessant zu gestalten. Sein Unterricht begeisterte mich und schuf in mir die Heimatliebe, die bis heute erhalten blieb. Wir verließen oft die Klassenraum und sahen uns in der Stadt viele Sehenswürdigkeiten an. Lehrer Weigel wusste lehrreich und spannend zu erklären. So erstiegen wir die Kirchturmspitze, wo im Gebälk Fledermäuse hingen. Von dort oben sahen wir durch die Dachluken und hatte einen herrlichen Blick weit über Storkows Peripherie hinaus. Ich sah zum ersten Mal von dieser Höhe über Äcker, Wiesen, Wälder und Seen in die Ferne. Im Kirchenschiff mit seinem hohem gotischem Kreuzgewölbe verweilten wir, um am Ende der Bögen die farbig gestalteten verzerrten „Wendenköpfe“ zu betrachten. Wir erhielten eine äußerst aufschlussreiche Erläuterung über die Bedeutung derselben.

Einmal führte uns der Lehrer zum Gerichtsgebäude. Im Hof befand sich ein Nebengelass mit Gefängniszellen. Wir lauschten sehr gespannt und erwartungsvoll den Ausführungen, denn wer straffällig wurde, der musste nach Verurteilung dort einsitzen. In der Gefängniszelle, die sehr eng war, gab es einen kleinen Tisch aus roh gezimmertem Holz mit einem Schemel davor und ein eisernes Bett mit Strohsack. Das Fenster war winzig und vergittert, es befand sich sehr hoch in der Außenwand, so dass der Inhaftierte nicht hinausschauen konnte. Die dicken Bohlen der Tür besaßen ein Guckloch. Von außen konnte die Tür fest verschlossen werden.

Es war dann der Deutschunterricht im 4. Schuljahr, der mit dem Lesen von Ganzschriften begann. Wir lasen „Robinson Crusoe“ von Daniel Defoe und „Siegfried der Nibelungenheld“. Diese Lektüre war für den Schulgebrauch bearbeitet worden, so dass ich den Inhalt leicht verstehen konnte.

Der Text begeisterte mich. Nach dem Lesen der Schullektüre wurde der Wunsch in mir wach, noch mehr Bücher lesen zu wollen. Meine Eltern waren darüber sehr erfreut und schenkten mir Bücher, die ich begierig las. Ich habe sie wie meine Schulbücher sorgfältig eingeschlagen und nummeriert. Viele von ihnen sind im Krieg abhanden gekommen. Aber die, die den Krieg in Storkow überdauerten, besitze ich noch heute. „Till Eulenspiegel“, „Wildtöter“, „Aus einem Knaben wird ein Mann - Johann Wichern“ waren die ersten Bücher, mit denen ich meine Bibliothek aufbaute. Inzwischen wurde sie über Jahrzehnte sehr umfangreich. Mit 10 Jahren wechselte ich zur Mittelschule über. Ein neuer Abschnitt meiner Storkower Schulzeit fing an.

Der Pimpf vom Dienst

Alle Kinder waren verpflichtet, den Pimpfen beizutreten. „Der Pimpf“ war die einzige Jugendorganisation, die von der Reichsregierung geduldet und gefördert wurde. Mädchen wurden im „Bund Deutscher Mädels“ verpflichtet, kurz „BDM“ genannt.

Meine Pimpfenzeit begann 1935 mit 10 Jahren und endete 1939, da war ich 14 Jahre alt. Was ich in diesen vier Jahren bei dem Jungvolk erlebte, hat mich sehr begeistert.

Ich gehörte einer Jungenschaft von ca. 10 Pimpfen an. Ein älterer Schüler war mein Jungenschaftsführer. Zu einem Jungzug gehörten mindestens 3 Jungenschaften, und 3 Jungzüge ergaben ein Fähnlein. Mein Dienst als Pimpf spielte sich vorwiegend in der Jungenschaft ab. Nur bei Umzügen und Aufmärschen nahm das Fähnlein geschlossen daran teil, wie zum Beispiel am 1. Mai.

Wir trugen alle die gleiche Pimpfbekleidung: Braunes Hemd, schwarzes Dreiecktuch mit Lederknoten, schwarze kurze Hose mit Koppel und Schulterriemen. Dann kamen noch die schwarze lange Skihose, eine schwarze Bluse, die schwarze Schirmmütze und das Fahrtenmesser, das am Koppel in einer Messerscheide getragen wurde, dazu. Später war ich stolz auf meine derben Lederschnürhalbschuhe (sogenannte Bundschuhe). Ich ließ die Sohlen benageln, die Absätze hufeisenartig beschlagen und die Sohlenspitzen mit Metallplättchen versehen. Verrückt, aber es war so - ich war 13 Jahre alt!

1934 hatte der Reichsverband für deutsche Jugendherbergen die Storkower Burg erworben und sie für ihre Zwecke um- und ausbauen lassen. Sie konnte dann im Oktober 1935 feierlich als „Märkische Jugendburg Storkow“ eingeweiht werden. Die Einweihung fand im größeren Rahmen statt. Auf dem Burghof waren viele uniformierte Jugendliche angetretenen. Das Fähnlein, zu dem ich damals als Pimpf gehörte, marschierte vom Schulhof der

Altstadtschule zur Burg. Wir marschierten im großen Umzug mit, voran der Spielmannszug mit seinen Fanfarenbläsern, den Trommlern und Querflötenpfeifern, dann der Fahnenträger mit unserer Fähnleinfahne, gefolgt von unserem Fähnlein, aufgegliedert nach Jungzügen.

Auf dem Burghof angekommen, reihten wir uns ins Karree der bereits angetretenen Jugendlichen ein. Der Spielmannszug postierte sich mit seinen Fanfarenbläsern vor dem Haupteingang der Burg. Als es hieß, der Reichsjugendführer der NSDAP, Baldur von Schirach, kommt, wurde er mit einem Fanfarengruß empfangen. Er betrat in HJ-Uniform und blankgeputzten langen Schaftstiefeln mit großem Gefolge den Burghof.

Die Storkower Burg um 1900

Die Ehrenhalle mit den Namen der im Kampf gefallenen Hitlerjungen

Er marschierte zur Mitte des Burghofes, baute sich dort auf und hielt eine schwungvolle Rede. Er sprach von der größten Jugendburg Deutschlands, die nun zur Aufnahme der Jugend aus ganz Deutschland bereitstehe. Als Pimpf war ich von seiner Rede tief beeindruckt. Sie machte mich stolz auf Storkow, das nun deutschlandweit bekannt werden würde.

Nach seiner Rede folgten erneut Fanfarenklänge und Trommelwirbel.

Währenddessen schritt er an uns vorbei und hin zum Laubengang an der Burgmauer. Am Ende des Ganges verweilte er an der Gedenktafel für die gefallenen Hitlerjungen einen kurzen Moment. Dann verließ er rasch den Burghof, wieder begleitet von Fanfarenklängen.

Ein einziges Mal wollte auch ich in der Burg übernachten. Wenige Tage nach der Einweihung ging mein Wunsch in Erfüllung. Mit meiner Storkower Pimpfengruppe zog ich für eine Nacht in die Burg ein. Ich erinnere mich an den spartanisch eingerichteten Schlafraum, mit seinen weiß getünchten Wänden, an den großen Waschraum für alle, an den Tagesraum und an den „Rittersaal“, der groß, mit einem Kamin und rustikalen Möbeln stilvoll ausgestattet war. Er vermittelte uns eine echte Burgatmosphäre. In ihm kamen alle zum Essen zusammen.

Der „Rittersaal“ musste schon in früheren Zeiten stets das Schmuckstück der Burg gewesen sein, immer der Zeit entsprechend anders eingerichtet, je nach dem Geschmack des jeweiligen Burgbesitzers. 1925 wurden Möbel aus dem „Rittersaal" veräußert. Mein Vater begab sich damals zur Burg und erwarb aus dem „Rittersaal“ einen großen Eichentisch. Dieser Tisch zierte dann das Wohnzimmer meiner Eltern. In den ersten Nachkriegstagen in Storkow litt er schwer, da er bei den Russen als Hauklotz diente. Jetzt ist er in meinem Besitz.

In der Burg erlebte ich ein fröhliches Jugendleben. Aus den verschiedensten Gauen von ganz Deutschlands war Jungvolk angereist. Später erfuhr ich, dass in 15 Schlafsälen 120 Betten vorhanden waren. Die Aufnahmekapazität war ständig erreicht, ein Zeichen dafür, dass die Burg von der Jugend angenommen wurde und sie sich in ihr wohlfühlte.

Zur Sonnenwendfeier am 21. Juni 1938 trafen sich die Pimpfe mit der HJ und dem BDM auf dem Mühlenberg. Als meine Jungenschaft dort ankam, wurde gerade ein aufgeschichteter Holzstoß aus armdicken langen Holzscheiten angezündet. Wir stellten uns im Kreis um das Feuer. Es kamen markige Sonnenwendsprüche, jemand hielt eine kurze Rede und Lieder wurden gesungen, wie z.B.: „ Flamme empor…“ und „Heilig Vaterland…“ usw.. Als der Feuerstoß zusammen gestürzt war, sprangen Hitlerjungen einzeln und dann mit Mädchen vom BDM paarweise über das Feuer. Es war eine romantische Atmosphäre. Sie begeisterte mich.

Sehr beliebt waren die Geländespiele. Einmal sollte die Fähnleinfahne eines anderen Fähnleins erobert werden, die sich auf der Bergkuppe der Walters-Berge befand. Hier hielten sich die Verteidiger verborgen, um ihr Fähnlein zu schützen. Die Verteidiger besaßen einen roten Wollfaden am rechten Oberarm und wir Angreifer einen blauen. Es wurde ein Mann-gegen-Mann Kampf ausgefochten. Wurde im Kampf einem der Wollfaden abgerissen, musste er den Kampf aufgeben und sich zu einem festgelegten Sammelplatz begeben. Jeder Pimpf besaß den Ehrgeiz, seinen Wollfaden möglichst nicht zu verlieren. Die Bergkuppe war auf einer Seite eine sandige Brache. Der gegenüber liegende Abhang war steil, mit dürftigem Gras und Bäumen bewachsen. Die Verteidiger der Fahne hielten sich gut verteilt kurz vor der Kuppe auf, am Steilhang waren sie gut getarnt. Wir sahen, dass der langgestreckte sandige Hang nur schwach besetzt war, wohl in der Annahme, dass über diesen Hang kaum ein Angriff zu erwarten sei. Wir täuschten aber gerade dort einen Großangriff vor, indem unser Fähnlein fast geschlossen frontal zur Kuppe stürmte. Als die Verteidiger das sahen, zogen sie sofort das Gros ihres Fähnleins an dieser vegetationslosen Hangseite zusammen, um uns mit einer Übermacht den Weg zur Kuppe zu verwehren. Ich gehörte zu einer auserwählten Gruppe unseres Fähnleins, die sich über den Hang von der anderen Seite der Kuppe nähern sollte, um überraschend die Fahne zu erobern. Wir stießen aber unterhalb der Bergkuppe auf einen ebenfalls gut getarnten Gegner, der uns empfing und in erbitterte Ringkämpfe verwickelte, wobei mir der Wollfaden vom Arm gerissen wurde. Ich musste den Kampf aufgeben. Einige von uns drangen bis zur Bergkuppe vor, gelangten bis zur Fahne und wurden dann dort überwältigt. Die Fahne blieb im Besitz der triumphierenden Verteidiger.

Unser Fähnlein gestaltete auch sogenannte „Bunte Abende“ für die Eltern und für Gäste im Saal der Rathausgaststätte. Wir führten Sketche, Scharaden und Schattenspiele auf. Auch trugen wir mehrere gestenreich eingeübte Lieder vor. Wir erhielten immer viel Beifall und fühlten uns großartig, wenn wir so als Gemeinschaft vor den Erwachsenen in Erscheinung traten.

Jede Jungenschaft war bestrebt, einen eigenen Jungenschaftsraum zu besitzen und ihn selbst einrichten zu wollen. Auch wir fanden einen solchen Raum für uns. Am Ende der verlängerten Schützenstraße, am Rande der „Waltersberge", ließ der Besitzer vom Kalksandsteinwerk, Herr Planken, ein großes Mehrfamilienwohnhaus für seine Werksangehörigen bauen. Der Bau wurde nie vollendet. Zu meiner Pimpfenzeit wohnte in der fertiggestellten Haushälfte nur eine Familie, es war die Familie Pietreck. Zum Wohnhaus gehörte ein Wirtschaftsgebäude mit mehreren schmalen Räumen. Die Eingangstür konnten wir verriegeln. Diese Räume waren für die Mieter als Abstellräume gedacht. Da Mieter fehlten, blieben diese Räume ungenutzt. Unsere Jungenschaft erhielt so einen leerstehenden Raum. Wir richteten ihn nach unserem Sinne ein. Wir besorgten uns einen langen Tisch und bauten uns dazu die Bänke. Licht erhielt der Raum nur durch ein kleines Fenster an der Stirnseite, so dass er ziemlich dunkel blieb. Elektrische Anschlüsse gab es nicht. Wir erhellten die Kammer bei Bedarf mit einer Kerze. In diesem Raum führten wir dann unsere Zusammenkünfte durch, wie die „Heimabende", in denen an bedeutende Persönlichkeiten aus vergangener Zeit ehrenvoll gedacht wurde. Wir sangen auch viel.

Es gab damals ein Buch „Pimpf im Dienst". Es diente als Grundlage für unseren vielseitigen Dienst in der Jungenschaft. Ich durfte es mir kaufen. In dem Buch fanden wir das Morsealphabet, das wir einstudierten. Abends übten wir mit Taschenlampen das Morsen. Wir lernten die Himmelrichtungen nach den Sternen und Bäumen zu bestimmten, übten uns im Kartenlesen und im Gebrauch des Kompasses. Dann versuchten wir ein anderes Mal Schlafdecken so geschickt zusammen zu rollen, dass sie passgerecht um den Tornister passten. Im Gelände legten wir nach Anleitung aus dem Buch eine Kochstelle an. Für uns Jungen waren das spannende und interessante Aufgaben, die wir beherrschen wollten.

Einmal äußerte jemand den Wunsch, eine Nacht in einer Scheune auf dem Strohlager zu verbringen. Der Wunsch wurde erfüllt. Unser Jungenschaftsführer besaß Beziehungen zu einem abseits gelegenen Gehöft in Kolpin. Dort konnten wir auf dem Dachboden eines Stallgebäudes übernachten. Über eine angelehnte Holzleiter kletterten wir an der Giebelseite auf den Heuboden über dem Stall. Auf dem Dachboden lagen viele Strohballen, von denen wir einige für ein Lager zum Schlafen ausbreiteten. Beleuchtung erhielten wir nur über unsere Taschenlampen. Auf diesem Dachboden erlebte ich meine erste aufregende und abenteuerliche Nacht.

1937 und 1938 wurden wir in den Herbstferien zum Kartoffeln sammeln eingesetzt, einmal in Pfaffendorf und dann in Philadelphia. In Pfaffendorf übernachtete ich mit mehreren Pimpfen im Stroh auf einem Bauernhof. Morgens bekamen wir Mehlsuppe und dazu Marmeladenstullen. In Philadelphia buddelten wir Kartoffeln auf dem Acker des Bauern Maaß. Nach dem täglichen Kartoffeln buddeln stellten wir abends den Mädchen nach. Mit unseren Rädern fuhren wir deshalb in die Nachbardörfer.

Mittwochs gab es keine Hausaufgaben, und am Samstag war schulfrei. Jeder Mittwochnachmittag gehörte dem Jungvolk. So hatte es der Reichsjugendführer Baldur von Schirach gefordert. Ich nahm den Dienst im Jungvolk sehr ernst. Die geforderten schulischen Aufgaben habe ich sträflichst vernachlässigt. Von den Lehrern kam auch keine Ermahnung, mehr für die Schule zu lernen anstatt beim Jungvolk die Zeit zu verbringen. Viele Lehrer hielten sich mit Äußerungen jeglicher Art über die Zusammenkünfte vom Jungvolk zurück. Einige hingegen fanden die Jungvolkbewegung sogar sehr gut und unterstützten sie auch. Mich jedenfalls begeisterte das Jungvolk, so dass ich den Dienst in ihm oft über die geforderten schulischen Ansprüche stellte. Meine Leistungen im Unterricht gingen dem entsprechend zurück.

Am 01.04.1939 endete meine Pimpfenzeit im Storkower Fähnlein. Ich hätte nun zur HJ gehen müssen, aber es kam anders.

In der Mittelschule

Meine Eltern hatten seinerzeit beschlossen, mich zur Mittelschule zu schicken. Es war ab 1935 in Storkow möglich, denn vorher besaß Storkow keine Mittelschule. Neben den Volksschulklassen, die bis zur 8. Klasse geführt wurden, liefen nun parallel zu ihnen von der 5. Klasse an die Mittelschulklassen, die sich bis zur 10. Klasse erweiterten. Sie erhielten neben der in Römisch geschriebenen Klassenstufenzahl die Bezeichnung Mi (Mittelstufenklasse).

Ich kam also in die V Mi und hätte nach Abschluss der X Mi die „Mittlere Reife" erlangen können. Für den Besuch der Mittelschule mussten meine Eltern Schulgeld zahlen. Unser Klassenraum befand sich 1935 im ehemaligen Elektrizitätswerk. Es wurde für schulische Zwecke umgebaut.

In der Mittelschule begann der Fachunterricht bei den verschiedensten Fachlehrern: Fräulein Behrends unterrichtete Biologie und Erdkunde, Herr Holz gab Deutsch, Geschichte und Turnen, Herr Sieviert Französisch, Herr Volkwein Englisch und Herr Thomas Chemie. Rektor war Herr Dörner und meine Klassenlehrerin in den ersten Mi-Klassen Fräulein Behrends.

Den ersten Fremdsprachenunterricht erhielt ich in Französisch. Es war für mich ein besonderes Ereignis, diesen Unterricht in den ersten Stunden zu erleben. Stolz ging ich damals heim und glaubte, schon viele Sprachkenntnisse zu besitzen, wenn ich „ferme la porte" sagte.

An ein aufregendes Ereignis kann ich mich erinnern, als ich mit meinen Klassenkameraden im Klassenraum saß und dem Unterricht folgte. Ein Schüler schaute zu den Fenstern, die etwas höher lagen. Er sah durch die Scheiben einen riesengroßen Zeppelin auf unsere Klasse zukommen. Er rief aufgeregt laut in die Klasse hinein: „Ein Zeppelin!“, sprang auf und rannte zur Tür hinaus, und wir stürmten ihm nach. Der auf uns zukommende Zeppelin flog niedrig und kam immer näher. Deutlich konnten wir den Namen „Hindenburg“ lesen, dann flog er über uns hinweg. Es war ein gewaltiger Anblick. Ein Flugzeug umkreiste ihn und wirkte wie eine Mücke gegen diese fliegende „Zigarre“.

Von den Lehrern verehrten wir unser Fräulein Behrends sehr. Sie hatte besonderes pädagogisches Geschick, uns für ihre Unterrichtsfächer zu begeistern. Ich folgte ihren Ausführungen in allen Schuljahren sehr diszipliniert. Die gestellten Aufgaben fertigte ich immer sehr gewissenhaft und sauber an.

Im Biologieunterricht behandelte sie gerade die Vogelwelt und kam auf die Singvögel zu sprechen. Sie wollte von uns wissen, welche Singvögel wir kannten. Als einer von uns auch die Kohlmeise nannte, stellte sie sofort die Frage nach weiteren bekannten Meisenarten. Ein Schüler von uns sagte schlagfertig, zwar leise, aber doch für alle hörbar, ohne sich gemeldet zu haben: „Ameise“. Sie hörte es, wandte sich dem Schüler zu und verabreichte ihm blitzschnell eine schallende Ohrfeige. Wir amüsierten uns lange und auch später noch über diesen Vorfall.

An den Geschichtsunterricht meines verehrten Lehrers Herrn Holz denke ich gern zurück. Er verstand es neben den allgemeinen historischen Fakten auch aus der Geschichte der Stadt Storkow und ihrer Burg zu erzählen. Das historische Geschehen über die Jahrhunderte auf der Burg interessierte mich besonders. So hörte ich vom Geschlecht der Strehle, von den Raubrittern, vom Alchemisten Dr. Horneburg und von einem angeblich unterirdischen Gang von der Burg nach Groß Schauen. Es waren für mich alles spannende Geschichten, wenn auch etwas legendenhaft ausgeschmückt. Die Beschäftigung mit der historischen Wirklichkeit sollte bei mir erst später erfolgen, aber die Anregung dazu erhielt ich damals.

In den Wintermonaten stand er oft im Rollkragenpullover am warmen Ofen und erzählte aus historischer Vergangenheit. Bei mir blieb viel von diesem spannend vorgetragenem Wissen haften. Er verstand es eben, historische Begebenheiten interessant zu erzählen und uns nahe zu bringen.

Besonders gern hatte ich Algebra und Geometrie. Mit viel Freude löste ich die schriftlichen Aufgaben. Das Steckenpferd von Lehrer Schröder waren die mündlichen Kettenaufgaben, mit denen er jede Mathematikstunde so 10 Minuten einleitete. Es waren simple Aufgaben zu unserer Gedächtnisschulung schnell von ihm daher gesagt, wie z. B. 3x6+12-6+8x4, davon die Hälfte, gleich? Wenn der von ihm nach dem Ergebnis Gefragte eine falsche Antwort gab, bekam er eine „Kopfnuss“ verpasst bzw. er musste stehen bleiben, um sein lahmes Gedächtnis ein bisschen in Trab zu bringen. Im Endeffekt erreichte Lehrer Schröder mit dieser Übungsmethode im Kopfrechen nach mehreren Stunden tatsächlich ein konzentriertes schnelles Rechnen unsererseits.

Ein sehr beliebter Lehrer war Herr Thomas. Er unterrichtete Chemie im Chemieraum oben im Dachgeschoss der Altstadtschule. Sein Chemieunterricht war stets interessant und fesselte uns. Ich freute mich immer auf seinen Unterricht mit den vielen chemischen Versuchen, bei denen es öfter, wenn nicht blitzte, dann aber zischte, schäumte, krachte, sprudelte oder stank. Er war in der IX Mi unserer Klassenlehrer. Wir verehrten ihn sehr, da er es verstand, auf unsere altersspezifischen Eigenarten einzugehen. So folgte er auch unserem Wunsch, einen Klassennachmittag im Hotel „Seeblick“ in Märkisch Rietz (heute wieder Wendisch Rietz) veranstalten zu wollen, welchen er dann auch von Susanne Reichenbach nach unseren Vorstellungen organisieren ließ.

Er befürwortete sogar Einladungen für einige Mädchen aus der VIII Mi, die auch kamen, denn in unserer Klasse befanden sich doch nur drei. Dann war es, so glaube ich, Susanne Reichenbach, die bewusst zum Ausklang des Nachmittags auf einem Plattenspieler Schlagerplatten auflegte, um uns in eine romantische Stimmung zu versetzen. Unsere angebahnten Liebeleien wurden gefördert und beeinflusst. Die Schlager bewirkten tatsächlich die gegenseitige Anziehung zwischen Jungen und Mädchen. Ist es ein Wunder bei den eingängig gefühlsvoll mitgesungenen Melodien und bei unserem wechselseitigem Zulächeln, wie z. B. beim Schlager „Komm mit nach Tahiti, nach Tahiti mit mir…"?

Bei uns Jungen begann jetzt die Zeit, in der wir gerne mit Mädchen Freundschaften schlossen und mit ihnen ausgingen. Ich war sehr stolz, bei meiner Mitschülerin Hildegard Bollhöfner vorübergehend Gehör gefunden zu haben. Wir gingen oft gemeinsam zur Schule, da wir den gleichen Weg hatten, lösten zusammen uns gestellte Englischaufgaben und trafen uns auch außerhalb der Schule. Mit Hilde Bollhöfner blieb ich bis 1946 im Briefwechsel, dann verloren wir uns aus den Augen.

Der Unterricht im Fach Körpererziehung gefiel mir am besten. Hier konnte ich mein Können und meine Leistungen voll zeigen. Am wohlsten fühlte ich mich auf dem Jahn-Sportplatz, wo wir uns in leichtathletischen Disziplinen messen konnten. Im Dreikampf erreichte ich immer die höchste Punktzahl. Bei Schulsportfesten erkämpfte ich die ersten Plätze. Mit meinen sehr guten sportlichen Leistungen qualifizierte ich mich zur Teilnahme am Gausportfest in Landsberg/Warthe. Als es feststand, dass ich teilnehmen soll, wurde dringend eine vollständige Ausrüstung für eine Fahrt ins Lager erforderlich. Mein Bestreben als Pimpf war es, mir diese zu beschaffen. Folglich wurde ein Brotbeutel mit Feldflasche, ein Kochgeschirr, ein zusammenklappbares Essbesteck und andere Gegenstände gekauft. So fuhr ich gut ausgerüstet nach Landsberg, wo ich in der Nähe der Kaserne der Landsberger Garnison ein Zeltlager vorfand. Die Soldaten hatten es für uns Teilnehmer am Sportfest eingerichtet. Ich nahm dort am Dreikampf teil. Das waren der 60-m-Lauf, Schlagballweitwurf und der Weitsprung. Für einen Sieg reichten meine sportlichen Leistungen leider nicht aus, doch sah ich den vielseitigen leichtathletischen Vergleichskämpfen interessiert zu. Ein Jahr darauf erhielt ich die Delegierung nach Frankfurt / Oder.

Am 12.03.1938 ging ich wie üblich in Storkow zur Schule. Der Unterricht verlief stundenplanmäßig. Es muss in der vierten Unterrichtsstunde gewesen sein, als bekannt gegeben wurde, dass unsere Truppen in den Morgenstunden unter dem Jubel der Bevölkerung in Österreich einmarschiert waren. Österreich gehörte nun zu Deutschland. Wir erhielten aus diesem Grund sofort schulfrei. Unter uns Schülern war die Begeisterung sehr groß. Ich eilte nach Hause, riss unsere Wohnungstür auf und verkündete erfreut und bewegt das Ereignis meiner Mutter. Überall, wo ich am Tag hinkam, herrschte große Freude. Wir waren nun Großdeutschland.

Dieser Anlass beflügelte auch die Storkower Schützengilde. Sie wollte ihn in Bezug auf Storkow auf der Schützenscheibe zum pfingstlichen Königsschießen dokumentiert sehen. Man kam diesbezüglich auf meinen Vater zu sprechen. Sein malerisches Talent war allgemein bekannt. Er könnte doch die Gestaltung der Schützenscheibe übernehmen. Er ging darauf ein und fertigte einen Entwurf an, der von der Schützengilde begrüßt wurde. Mein Vater bemalte sie daraufhin. Sie wurde dann Pfingsten zum Königsschießen beschossen. Auch diese Scheibe muss im Zuge der kriegerischen Ereignisse in Storkow 1945 vernichtet worden sein.

Wenige Wochen nachdem Österreich zu Deutschland gehörte, setzte eine „Kinderlandverschickung" österreichischer Kinder nach Deutschland ein. In Storkow nahmen die Eltern meines

Klassenkameraden Rudi Kraemer in der Fürstenwalder Straße für ein paar Wochen ein Mädchen namens „Mitzel" meines Alters auf. Ich lernte Mitzel näher kennen und entflammte für sie, fand sie reizend und märchenhaft schön in ihrem voller Glück strahlendem Wesen. Wir versprachen, uns zu schreiben und taten es schließlich bis zum heutigen Tag. Es entstand eine treue, wunderbare Freundschaft. Wir konnten uns aber erst nach der Wiedervereinigung beider Teile Deutschlands, also nach 1989, in Steyer wiedersehen.

Am 10.11.1938 wurde das Textilgeschäft des Juden Todtenkopf am Marktplatz in Storkow ausgeräumt und das Inventar auf den Marktplatz geschleppt. SS Männer vergriffen sich an dem rechtschaffenen Juden Todtenkopf und demütigten ihn. Es sprach sich wie ein Lauffeuer in Storkow herum, dass die SS das Textilgeschäft des Juden Todtenkopf ausräumte. Als ich hörte, was geschehen war, eilte ich neugierig zum Marktplatz und erlebte als Dreizehnjähriger diesen Vorfall mit.

Mit dieser Aktion wollte die SS im Rahmen einer deutschlandweiten Aktion ihre Ablehnung der Juden demonstrieren. Am Markt angekommen, sah ich das mit schwarzer Farbe beschmierte Schaufenster. Auf dem Marktplatz stand ein Kleiderständer mit Textilien. Wahllos hingeworfene Bekleidungsstücke lagen im Schmutz. Männer der SS liefen zwischen dem Todtenkopfschen Textilgeschäft und dem Marktplatz emsig hin und her. Immer mehr Textilien wurden von der SS aus dem Geschäft auf den Marktplatz geschleudert. Sogar der Jude Todtenkopf musste helfen, seine eigenen Sachen herauszuschleppen. Die Straße vor seinem Haus war für den Straßenverkehr gesperrt worden. Es hatten sich mehrere Schaulustige eingefunden. Sie sahen stumm dem Treiben der SS Männer zu. Keiner von ihnen hat eingegriffen.

In der Nacht darauf wurde die judenfeindliche Kampagne landesweit eingestellt. Der jüdische Geschäftsinhaber erhielt die Aufforderung, sein schwarz beschmiertes Schaufenster zu reinigen, was er am nächsten Tag allein bewerkstelligte. Er durfte aber als Jude sein Gewerbe nicht mehr betreiben. Das Textilgeschäft blieb geschlossen. Er soll daraufhin ausgewandert sein. Diese Aktion war Teil der Reichskristallnacht, wie ich später erfuhr.

Wir erhielten im Unterrichtsfach „Religion" ebenfalls eine Zensur. Einmal verabredeten wir uns, im Religionsunterricht zu summen, als kreise eine große Brumme im Klassenraum herum, was wir auch wenige Minuten nach Unterrichtsbeginn taten. Einige Schüler begannen dann sogar mit Blicken und Bewegungen die Suche nach dem angeblich herumfliegenden Insekt aufzunehmen. Lehrer Jürgens unterbrach daraufhin den Unterricht, stutzte und sah prüfend in die Klasse. Suchte auch er mit seinen Blicken den Brummer? Der etwas zu laut von uns erzeugte Summton verriet uns zwar, aber welchen Schüler konnte er direkt beschuldigen? Etwa die Schüler, die den Flug des unsichtbaren Tierchens mit den Blicken verfolgten? Er forderte zwar allgemein zur Ruhe auf, aber was nutzte es, das Summen blieb, auch das suchen nach der Brumme. Endlich kam einer von uns auf die Idee, das Fenster zu öffnen, um dem summenden „Untier" den Weg in die Freiheit zu verschaffen. Herr Jürgens duldete es und glaubte wohl, dass nun Ruhe im Klassenraum einkehren müsse. Er hatte Recht, das Summen schwoll ab und hörte schließlich ganz auf. Wir hatten in dieser Stunde unseren Spaß, aber nichts gelernt.

Im dem neunten Schuljahr, begann der Unterricht mit der deutschen Kurzschrift, den Fräulein Behrends durchführte. Es war für mich ein interessanter Unterricht, auch wenn ich anfangs etwas Schwierigkeiten beim Schnellschreiben hatte. Ich war gewohnt, sauber und ordentlich zu schreiben, wozu ich mir immer Zeit ließ. Nun hieß es schnell schreiben, wobei die exakte Linienführung der Schrift im Schnellschreibverfahren litt. Da ich aber nun eben die Kurzschrift ganz sauber geschrieben zu Papier bringen wollte, konnte ich öfter dem schnell diktierten Text in der Niederschrift nicht folgen. Als Unterrichtsgrundlage diente der „Lehrgang der Deutschen Kurzschrift" von Baier-Lang. Zwei dieser Lehrhefte besitze ich noch. Mir kamen später beim Militär bei Vorlesungen und Diktaten besonders die gelernten Kürzel zu Gute. Sie waren mir eine große Hilfe beim schnellen Mitschreiben von Vorträgen.

Mit meinem vierzehnten Lebensjahr veränderte sich einiges in meinem Leben. Ich begann, mich wie ein Jugendlicher zu fühlen und zu verhalten. Am 26. März 1939 wurde ich konfirmiert, gab ein öffentliches Bekenntnis zum christlichen Glauben ab und fand so als gleichberechtigtes Glied Aufnahme in der evangelischen Kirche. Meine Konfirmation erfolgte in Pimpfenuniform in der Storkower Kirche von dem Pfarrer Olbricht. Dies war möglich, da Pfarrer Olbricht den „Deutschen Christen" nahe stand, die das nationalsozialistische Ideengut aus Überzeugung vertraten.

Nach meiner Einsegnung besuchte ich sonntags keinen Gottesdienst mehr. Ich fühlte mich dazu nicht mehr verpflichtet.

Am 01. April kam ich in die 9. Klasse der Mittelschule in Storkow. Ich war jetzt 14 Jahre und hätte der Hitlerjugend beitreten müssen.

Der Fähnleinführer Horst Neumeyer aus meiner Nachbarschaft (drei Jahre älter als ich, Gymnasiast in Königs Wusterhausen) sah in mir einen Jungzugführer für sein Fähnlein Storkow-Land. Dieser Ansicht schloss sich auch der Bannführer an. So wurde ich Jungzugführer statt Hitlerjunge und übernahm den Jungzug mit den Jungenschaften in Rieplos und Philadelphia des Fähnleins Storkow-Land. Ich trug weiter die Pimpfenuniform und als Zeichen des Jungzugführers die grüne Kordel (volkstümlich auch

„Affenschaukel“ genannt) an der Uniformbluse. Zum Mittwochnachmittags- und Sonnabenddienst des Jungvolkes fuhr ich nun mit meinem Fahrrad in die Dörfer meines Jungzuges und wohnte dem Dienst der Jungenschaften bei.

Für mich hieß es ab jetzt, im Jungvolk Verantwortung zu übernehmen, Entscheidungen zu treffen, selbständig zu organisieren, sich unterordnen zu können, aber auch Vorbild und Kamerad zu sein. Eine Fülle von Aufgaben, die es für mich zu bewältigen gab. Ich glaube, mit allem, was mich nun forderte, fertig geworden zu sein.

Ein paar Wochen vor den Sommerferien 1939 rief mich unser Bannführer Schulz zu sich und bat mich um Teilnahme an einem Sommerzeltlager der HJ am See zwischen Reppen und Drossen (polnisch Rzepin und Sulecin). Er wollte mich gern in seiner Wachgefolgschaft dabei haben, deren Gefolgschaftsführer er war. Ich sollte mit meinen Eltern darüber sprechen. Ich sprach mit ihnen. Sie verhielten sich erst einmal ablehnend, machten mich darauf aufmerksam, dass doch alle Teilnehmer am Zeltlager älter sein werden als ich und wollten mich aus diesem Grund nicht ins Zeltlager fahren lassen. Es würde nach ihrer Ansicht nicht gut gehen. Da ich aber sehr begeistert vom Zeltlager sprach und versuchte, sie mit positiven Argumenten über das Zeltlager zu überzeugen, willigten sie schließlich doch ein.

Der Tag der Abfahrt ins Zeltlager kam heran. Mit meiner Pimpfenuniform konnte ich nicht ins Lager fahren, so kauften mir meine Eltern HJ-Hemden mit den dazugehörigen Armbinden. Ich erhielt einen Tornister mit Kochgeschirr. Alles, zum Bedarf im Zeltlager Notwendige, wurde von mir herbeigeschafft und im Tornister verstaut. Dann hieß es, eine Schlafdecke ordnungsgemäß um den Tornister zu schnallen. Es machte mir Spaß, die Decke so zu falten und zu rollen, dass sie exakt um den Tornister passte.

Der Abschied von meinen Eltern fiel mir nicht schwer, ich freute mich auf das Zeltlager. Meine Mutter fotografierte mich in meiner Ausrüstung, als ich das Grundstück verließ.

Die Fahrt ins Zeltlager führte von Storkow aus im geschlossenen Gefolgschaftsverband mit der Bahn über Frankfurt/Oder nach Reppen und weiter in Richtung Drossen. Zwischen Reppen und Drossen verringerte der Zug auf einem Male seine Geschwindigkeit und hielt. Wir mussten auf freier Strecke aussteigen. Außer unserer Gefolgschaft stiegen noch viele Hitlerjungen aus, die ebenfalls in das Zeltlager wollten. Unsere Gefolgschaft trat an und marschierte zum Zeltlager am See. Die runden weißen Zelte boten Platz für je 12 Mann. Wir wurden auf die Zelte aufgeteilt. Ich erhielt mit noch anderen Kameraden ein Strohlager in einem Zelt zugewiesen, wo ich auch meinen Tornister ablegen konnte. Es wurde für vierzehn Tage meine Behausung. Wir erlebten feldähnliche Bedingungen wie richtige Soldaten, für uns jedoch nur ein Abenteuer und ein Riesenspaß.

Tische und Stühle gab es nicht. In unmittelbarer Nähe vom Zelt hatte jede Gruppe mit Feldspaten einen ringförmigen, knietiefen, etwa 40 cm breiten Graben mit einem Durchmesser von etwa 2 m auszuheben. Die Kreisinnenfläche diente als Tisch und der Außenring des Grabens als Sitzfläche. Wir nahmen Platz, und jeder legte ein weißes Tuch vor sich hin. Kochgeschirr, Besteck, die Brote und Essenszutaten wurden ausgepackt und auf die Serviette gelegt. Das Frühstück und das Abendbrot bereiteten wir uns selbst zu. Morgens bestrichen wir unser Kommissbrot mit Marmelade und abends belegten wir die Schnitten mit Wurstscheiben. Getrunken wurde aus dem Deckel von unserem Kochgeschirr. Das Mittagessen aus der Feldküchen löffelten wir direkt aus dem Kochgeschirr. So saßen wir im Kreis, eine Gemeinschaft von Kameraden und nahmen gemeinsam, nach gesprochenem Tischspruch, unser Essen ein. In den zwei Wochen Zeltlager fiel kein Tropfen Regen. Es schien täglich die Sonne. Es war ein ideales Zeltlagerwetter. Für mich war es eine Freude, bei diesem herrlichen Wetter, das Zeltlager erleben zu dürfen.

Ich gehörte zur Wachgefolgschaft. Sie bestand aus drei Zügen und hatte die Aufgabe, das Zeltlager, welches aus mehreren Gefolgschaften (Marine-, Nachrichten- und Kfz-Gefolgschaft) bestand, Tag und Nacht zu bewachen. Aber darüber hinaus, mussten wir auch das BDM-Zeltlager am Nachbarsee beschützen. Dafür war unser Zug vorgesehen. In zwölfstündiger Ablösung ging eine Gruppe hinüber ins BDM-Lager und bezog dort ein Wachzelt, das neben dem Eingangstor zum Lager stand. Im Zelt befand sich eine Strohschütte, auf der sich die nicht Wachhabenden niederlegen konnten. Ein Feldfernsprecher war auch vorhanden. Mit ihm konnte telefonische Verbindung zum Hauptlager aufgenommen werden.

Ich stand öfter am großen Eingangstor neben dem Schlagbaum Wache. Zwischenfälle gab es nicht.

Nachts gingen wir zu zweit auf Streife, innerhalb und außerhalb des Lagers. Wir freuten uns, in warmen, windstillen und hellen Mondscheinnächten durch das BDM-Lager zu gehen. Die Mädchen kamen nachts in ihren Zelten oft nicht zur Ruhe. Ich hörte sie erzählen, witzeln und lachen. Es kam aber auch vor, dass sich ein Zelt öffnete und nackte Mädchen zum See eilten. Sie nahmen ein Bad im Mondschein. Nass triefend kamen sie zurück und trockneten sich vor dem Zelt ab, bevor sie wieder im Zelt verschwanden. Für uns zwei Wächter war es immer sehr amüsant, dem nackten Treiben der jungen Damen zuzuschauen. Wir hielten uns lautlos versteckt zurück.

Das Leben in der Wachgefolgschaft verlief sehr differenziert rund um die Uhr ab. Wir hatten unsere Wachaufgaben zu erfüllen. Wenn ich frei hatte putzte ich Schuhe, wusch Wäsche, ordnete meine Sachen und legte sie auf meinem Strohlager im Zelt geordnet ab. Auf allen Strohlagern herrschte bei uns stets Ordnung und Sauberkeit. Ein Entfernen vom Gefolgschaftsbereich war nicht gestattet. Wir befanden uns immer in Alarmbereitschaft, um bei möglichen Zwischenfällen sofort zur Stelle zu sein und eingreifen zu können. Während meiner Zeltlagerzeit blieb alles ruhig.

Kurz vor Ablauf unseres Zeltlagers wurde uns mitgeteilt, dass wir noch eine Woche nach Tirol fahren werden. Unsere Freude war grenzenlos. Wir packten unsere Tornister, schnallten unsere Decken am Tornister fest und fuhren dann mit dem Zug über München nach Tirol.

In München stiegen wir aus. In Gruppen liefen wir zwanglos vom Bahnhof in die Innenstadt, vorbei am Rathaus. Wir gingen weiter bis zum Königlichen Platz. Dort stand ein Ehrentempel der nationalsozialistischen Bewegung, wo die Särge von 19 Toten aufgebahrt standen, die am 09.11.1923 im Feuer der Polizei vor der Feldherrnhalle fielen. Diese Stätte aufzusuchen muss das Hauptanliegen unseres Besuches in München gewesen sein. Im Saal des Bürgerbräukellers waren wir auch, wo Hitler am Tag zuvor die „Nationale Revolution" verkündete und zum Marsch auf Berlin aufrief. Denen, die nicht seinen Plänen folgen wollten, bedrohte er mit der Pistole und zwang sie, dem Putsch zuzustimmen. Er musste auch einen Schreckschuss abgefeuert haben, denn in der Decke des Bürgerbräusaales befand sich eine Einschussstelle, auf die wir aufmerksam gemacht wurden.

In Innsbruck angekommen, formierten wir uns und schulterten die Tornister. Mit der Fahne vorneweg sangen wir unsere Lieder und zogen durch Innsbruck in Richtung Igls. Kamen uns auf den Bürgersteigen Leute entgegen, so grüßten sie unsere Fahne. Dann kamen uns zwei Mönche in ihren alten braunen Kutten entgegen. In Gedanken vertieft, würdigten sie der Marschkolonne keines Blickes, demzufolge grüßten sie auch nicht unsere Fahne. Unserem Bannführer missfiel das. Er verließ uns und ging auf die Mönche zu, stellte sich vor sie hin, so dass sie stehen bleiben mussten. Was er zu ihnen sagte, hörten wir nicht. Jedenfalls maßregelte er sie wegen der offensichtlichen Nichtachtung unserer Fahne gegenüber. Wir marschierten weiter. Er kam dann schnellen Schrittes zu uns zurück und setzte sich wieder an die Spitze der Marschkolonne. Was wird wohl in den Köpfen der Mönche vor sich gegangen sein?

Zwischen Igls und dem Patscherkofel (2246 m hoch) bezogen wir Quartier in einem Haus in einer beachtlichen Höhenlage. In kleinen Zimmern erhielt jeder sein Bett. Wir bekamen Vollverpflegung. Am Tage unternahmen wir in kleinen Gruppen Wanderungen auf den Bergwegen um den Patscherkofel herum. Die Bergspitze erstiegen wir nicht. Mich beeindruckte besonders in höherer Region die Vegetation rechts und links der Bergwege mit ihren leuchtend satten Farben.

An einem sonnigen Tag schloss ich mich einer kleinen Gruppe an, die die uns gegenüberliegende Nordwand ersteigen wollte. Wir wanderten früh los, erst talwärts, dann im Tal durch Innsbruck, um schließlich einen Weg an einem herabfließenden Bach einzuschlagen. Er ermöglichte uns, schnell an Höhe zu gewinnen. Anfangs gingen wir gut gelaunt bergauf, aber bald wurde der Weg steiler und somit für uns mühsamer zu begehen. Einige wollten aufgeben, umkehren, da sie der Meinung waren, wir würden bei dem langsamer werdenden Schritttempo bergan zeitlich nicht, wie von uns vorgesehen, die Höhe erreichen. Wir schleppten uns zwar doch noch schwitzend ein paar Meter höher, gaben aber an einer Stelle auf, wo das neben uns herunterstürzende Wildwasser sich in ein kleines Sammelbecken ergoss, dort kurz zur Ruhe kam, um sich dann wie ein Katarakt abwärts zu bewegen. Es war eine ideale Stelle zum Baden. Wir kamen überein, dort unsere erhitzten, schweißnassen Körper abzukühlen.

Schnell zogen wir uns aus und glaubten, in diesem kleinen Sammelbecken ein Bad nehmen und uns unter dem Wasserfall ausgiebig duschen zu können. Doch kaum hatten unsere Füße das Gebirgswasser im Becken berührt, sprangen wir blitzschnell wieder raus - das Wasser war eiskalt! Wir zogen uns an, stiegen aber nicht weiter bergan. Wir machten kehrt und genossen lieber bergab den herrlichen Blick ins Tal, in dem Innsbruck lag.

Als Erinnerung an diese wunderschöne Fahrt nach Tirol kaufte ich mir in Innsbruck einen Stoffwimpel für mein Fahrrad. Ich verwendete ihn jedoch als Wandschmuck für mein Zimmer. Der Wimpel hat die Kriegstage im April 1945 in Storkow überdauert und erinnert mich nun stets an die einstige Tirolfahrt.

Heimgekehrt aus Tirol, ging ich vormittags wieder zur Schule. Die einst mit meinen Schulkameraden unternommenen Schulstreiche unterblieben jetzt. Ich erkannte, dass ich als Jungzugführer verantwortungsvoll handeln und Vorbild sein musste. Es verpflichtete zur Selbstdisziplin. Ich fuhr weiter in die Dörfer meines Jungzuges, organisierte sportliche Veranstaltungen und Spiel- und Trainingsstunden in der Jungenschaft, gab Anleitungen für Heimnachmittage und nahm mit meinem Jungzug an größeren Geländespielen teil. Die Heimnachmittage mussten vorbereitet werden, hierfür holte ich mir Anleitungen von der Banndienststelle in der Wilhelmstraße in Storkow. Ich erhielt sie in Form von Broschüren, nach deren Inhalt die Heimnachmittage gestaltet werden konnten. Ich besitze noch ein Heft von diesem Lehrmaterial, wie zu den Themen „Armin der Cherusker", „Der große König" und der „Der junge Otto von Bismarck".

War ich nicht mit meinem Jungzug beschäftigt, dann sah man mich an den Nachmittagen auf dem Friedrich-Ludwig-Jahn-Sportplatz, auf dem Tennisplatz, im Stadtbad oder auf dem Kleinkaliberschießstand in den Schießanlagen des Schützenhauses.

Auf dem Sportplatz trainierte ich eifrig und erzielte immer bessere Leistungen in der Leichtathletik. Meine Eltern spendierten mir Spikes, die mir der Schuhmachermeister Lindner besorgte. Mit ihnen konnte ich nun in allen Disziplinen meine Leistungen wesentlich verbessern. So erwarb ich mühelos das Reichssportjugendabzeichen und das HJ-Leistungsabzeichen. Im Stadtbad erfüllte ich die geforderten Bedingungen zum Rettungsschwimmer. Daraufhin durfte ich an meiner Badehose das Stoffabzeichen „DLRG" tragen.

Auf dem Kleinkaliberschießstand gelang es mir das HJ-Schießabzeichen zu erwerben. Und auf dem Tennisplatz, den ich mit meinem Freund Horst Daniel pflegte, forderte ich oft meine Freunde Wilhelm Bibler und Werner Neumeyer zum Ballwechsel heraus. Wir spielten alle gleichmäßig gut, so dass es immer harte Spiele mit wechselnden Siegern gab.

Es muss im Zusammenhang mit dem Polenfeldzug im September 1939 gestanden haben, als der Lehrer Schröder Luftschutzbeauftragter wurde und Luftschutzmelder suchte. Ich meldete mich dazu bei ihm. Da ich ein Fahrrad besaß und sehr gerne mit ihm fuhr, setzte er mich als Luftschutzmelder für das Dorf Bugk ein. Nun wurde ich nach Bedarf mit Meldungen von Storkow nach Bugk zu Herrn Thieme geschickt. Als Luftschutzmelder per Rad musste meine Fahrradbeleuchtung eine vorschriftsmäßige Verdunkelungskappe aufweisen. Deshalb besorgte ich mir eine, denn es hätte ja sein können, dass Meldungen im Dunkeln übermittelt werden müssten. Dazu kam es allerdings nicht. So erfolgten meine Radfahrten nur in den Nachmittagsstunden. Ich fuhr einige Male den kürzesten Weg nach Bugk, es war der Waldweg, mit der mir von Herrn Schröder übergebenen Meldung zu Herrn Thieme und meldete mich nach Erledigung meines Auftrages in relativ kurzer Zeit wieder bei Herrn Schröder in Storkow zurück. An den Nachmittagen, an denen ich für den Luftschutz gebraucht wurde, war ich von den schulischen Hausaufgaben befreit.

Als Jungzugführer nahm ich die geforderten Aufgaben sehr ernst. Zwangsläufig traten die schulischen Arbeiten in den Hintergrund, so dass ich 1939 leistungsbezogen nur ein mittelmäßiger Schüler war.

Bei all diesen Beschäftigungen blieb es nicht aus, dass ich auch zu Hause einige Arbeiten verrichten musste. Sie lagen vorwiegend im Bereich des Gartens. Das Umgraben kam meistens mir zu. Dann musste ich helfen, Holz herbeizuschaffen, es zu zersägen und zu zerhacken: denn wir hatten eine Ofenheizung.

So begann für mich das erste Jahr in meinem Jugendzeitalter. Es forderte und formte mich, und es war für mich erlebnisreich. Unmerklich wuchs in mir das Interesse an den Randerscheinungen des Krieges, der sich in weiter Ferne entwickelte. Es blieb auch in den folgenden Jahren so.

Bereits ein Jahr zuvor fand in den Sommerferien 1938 in der näheren Umgebung von Storkow ein größeres Manöver statt. Ich konnte viel von der militärischen Betriebsamkeit verfolgen. Mein Interesse war groß, und ich suchte engen Kontakt zu den Soldaten, um recht viel über das Manöver und die aufgefahrenen Geschütze und Waffen zu erfahren.

Im Rahmen dieses Manövers kam auch eine Pz-Spähkompanie nach Storkow. Ihre Soldaten wurden in Privathäusern einquartiert. Wir Schüler hatten Ferien, so konnte die Pz-Spähkompanie ihre Fahrzeuge (leichte und schwere Pz-Spähwagen) auf dem Schulhof der Altstadtschule abstellen. Während die Besatzungen sich in den Quartieren aufhielten, wurden die Fahrzeuge bewacht, sie konnten aber besichtigt werden, was ich nur zu gern tat. Waren die Besatzungen zugegen ließen sie uns auf und in die Pz-Spähwagen kriechen, sie beantworteten gern ausführlich und leutselig unsere speziellen Fragen.

Der Manöverstab bezog im Schützenhaus Quartier. Mit ihm kam militärisches Leben ins Haus, und ich befand mich mittendrin. Ich sah ein ständiges Kommen und Gehen von Offizieren und Meldern, die mit ihren Krädern von den Einheiten kamen, Meldungen im Stab übergaben, Befehle empfingen und wieder zurück zu ihrer Truppe fuhren.

Diesen ganzen militärischen Trubel fand ich spannend und aufregend. Er begeisterte mich so sehr, dass in mir nun endgültig der feste Wunsch bestand, Berufssoldat zu werden und zwar in einer Pz-Späheinheit.

Im Schützenhaus, das meinem Großvater gehörte, war ich zu Hause, so dass ich in meiner Kindheit alle Vorgänge in ihm mit großem Interesse verfolgen konnte. So wohnte ich einmal auch einem Gespräch bei, das mit einem Feldwebel der Wehrmacht geführt wurde. Man ließ mich bewusst zuhören, denn der Feldwebel kam von der Heeressportschule in Wünsdorf und berichtete von seiner dortigen Tätigkeit. Er erzählte so anschaulich, dass ich fasziniert war. Da ich mich ja im Sport als sehr gut einschätzte, schwebte mir traumhaft neben dem Soldatenberuf auch ein Berufsweg in irgendeiner sportlichen Richtung vor. Durch diesen Feldwebel aus der Heeressportschule erfuhr ich nun, dass es eine spezielle Ausbildung zum Sportlehrer im Heer gab. Er empfahl mir, den Weg zum Heeressportlehrer einzuschlagen. Die von ihm erhaltenen Anregungen nahm ich zum Anlass, mir Sportbücher zu kaufen, die für die Heeressportschule in Wünsdorf gedacht waren. Ihre Titel: „Körperschule in der deutschen Wehrmacht" und „Die Boxschule für Lehrer und Übungsleiter". Ich fing an, mich mit dem Inhalt dieser beiden Bücher vertraut zu machen.

Mit meinem Vater suchte ich nun einen Weg, zu meinem Berufswunsch, über den Berufssoldaten zum Heeressportlehrer, zu gelangen. Wir zogen meines Vaters Kriegskameraden aus dem 1. Weltkrieg zur Beratung heran. Er war Amtmann im Kriegsministerium in Berlin. Er schlug für mich den Weg zum Berufssoldaten über eine Uffz-Vorschule vor, um danach die folgenden militärischen Schulen, wie die Heeressportschule, zu absolvieren. Ich stimmte dem sofort zu. Er besorgte für mich Informationsmaterial und schließlich auch Aufnahmeformulare, die mein Vater und ich ausfüllten, unterschrieben und absendeten. In ihnen stand, dass mit Aufnahme in einer Uffz-Vorschule die Verpflichtung verbunden war, Berufssoldat zu werden.

In meiner Vorbereitungsphase zur Aufnahme in eine Uffz-Vorschule trat Herr Bense, Führer des SS-Sturms in Storkow, im Schützenhaus an mich heran. Er hatte erfahren, dass ich mich für den Soldatenberuf entschieden habe. Sofort wollte er mich für die LAH (Leibstandarte SS Adolf Hitler) abwerben. Er fing an, auf mich einzureden, mich zu überzeugen, dass ich mit meiner Größe (1,80 m) und meinen sportlichen Leistungen der geeignete Mann für die LAH wäre. Er könnte erreichen, mich schon jetzt anzumelden, so dass ich mit dem 18-ten Lebensjahr zur LAH eingezogen werde. Er schilderte mir lobpreisend die LAH. Ich fand aber an dieser Truppe keinen Gefallen. Wieso eigentlich nicht? Es muss im Jahr 1935 gewesen sein, als ich eine Einheit der LAH entlang der Kummersdorfer Chaussee in Richtung Storkow mit geschulterten Karabinern marschieren sah. Die SS Leute machten einen müden und lustlosen Eindruck auf mich. Am Gänsewerder in Karlslust war ihr Marschziel erreicht. Sie stellten dort ihre Karabiner zu Pyramiden zusammen und bauten sich Zelte aus ihren zusammengeknüpften Dreieckzeltbahnen auf. Ich sah mir kritisch den Verlauf ihrer Tätigkeit an. Mir gefielen die Männer nicht in ihren khakibraunen Hemden, in ihren Breeches mit schwarzen Langschäftern, und mir gefielen auch nicht ihre Ausrüstungen (Tornister, Brotbeutel mit Feldflasche) und schon gar nicht ihre unmilitärischen Dienstränge. Es war für mich eine Truppe ohne Tradition. Es fehlte mir bei all diesem Aufgezählten das gewisse

Etwas, so dass ihr Auftritt nicht meiner soldatischen Vorstellung entsprach.

Mein Antrag zur Aufnahme in eine Uffz.-Vorschule wurde angenommen, und ich musste mich zur ärztlichen Untersuchung und Aufnahmeprüfung nach Annaburg begeben.

Die militärärztliche Untersuchung umfasste alle zur Musterung erforderlichen Methoden. Es wurde anschließend ein Foto von mir in Turnhose gemacht. Dann erfolgte mündlich sowie schriftlich eine Überprüfung meines Allgemeinwissens. Die Leistungsüberprüfung im Sport war nicht schwer zu bestehen.

In Storkow beendete ich das 2. Halbjahr der 10. Klasse nicht mehr. Ich hatte die Aufnahmeprüfung in Annaburg bestandenen und freute mich nun auf die Unteroffiziersvorschule dort.

TEIL II
MEINE BERUFSAUSBILDUNG

Faszination Wehrmacht

Einzug in die Uffz.-Vorschule Annaberg

Ich erhielt meine Zulassung und kam zur 3. Kompanie, 1. Zug der Uffz.-Vorschule in Annaburg.

Annaburg bei Halle

Im März war ich gerade 15 Jahre alt geworden. Am 02.Juli 1940 zog ich in Annaburg mit 10 Kameraden in eine Barackenstube ein. Die Jungs kamen aus Schlesien, Sachsen, Pommern, Ostpreußen, der Ostmark (Österreich), und vier weitere aus Berlin.

Unser erster Auftrag lautete: Auf zum Einkleiden. Nachdem ich meine empfangenen Sachen ordentlich untergebracht hatte, schrieb ich gleich an meine Eltern, dass ich eine Uniform, ein Handtuch, drei Taschentücher, ein Vorhängeschloss, ein Wasserglas, einen Putzkasten, vier paar Socken, drei Kragenbinden und zwei Schlafdecken erhalten habe. Später wurden noch zwei Handtücher nachgereicht und für die kalte Jahreszeit bekamen alle eine Jacke, Handschuhe und Kopfschützer.

Die tägliche Dienstuniform kam aus tschechischem Militärbestand: ein grüner Waffenrock, dunkelgrüne Stiefelhose, dazu farblich passende Wickelgamaschen und ein Käppi. Sie wurde für die deutsche Wehrmacht umgearbeitet.

Am Waffenrock befand sich rechts unten ein grüner Ärmelstreifen mit der Aufschrift in Silber „Unteroffiziersvorschule". An meinem Ärmel befand sich zusätzlich ein silberner Litzenwinkel, Spitze nach oben. Dieser Winkel wies mich als Stubenältesten aus.

Wir waren unbeschreiblich stolz, eine Uniform tragen zu dürfen. Besonderen Wert legten wir auf die Pflege unserer Ausgehuniform. Für die Bügelfalten habe ich den gleichen Trick angewendet, wie alle meine Kameraden: Die Hosenbeine wurden leicht angefeuchtet, dann sorgfältig glatt gestrichen und nachts unter das Laken gelegt. Am Morgen war eine messerscharfe Falte im wahrsten Sinne des Wortes „im Schlaf" entstanden. Die recht engen Hosenbeine erhielten ebenfalls eine Aufbesserung. Der Kamerad Herkovich kam auf die Idee, die schmal auslaufenden Hosenbeine mit trapetzförmigen Sperrholzbrettern zu weiten. Die Brettchen wurden unten in die angefeuchteten Hosen gezwängt und über Nacht getrocknet. Das Ergebnis bestand aus einem 2 cm vergrößerten Ausschlupf.

Die Einrichtung unserer Wohnbaracke war sehr übersichtlich: jeder Kamerad hatte einen Tisch, einen Stuhl und einen zweitürigen Militärschrank zur Verfügung. Die Schränke standen links und rechts an den schmalen Wandseiten, die Tische in der Mitte als platzsparende Doppelreihe. Ein Tisch befand sich separat am Fenster, für den Stubenältesten. Dieser Tisch wurde mir zugewiesen. Weshalb die Ehre des Stubenältesten auf mich fiel, habe ich nie erfahren. In unserer Wohnbaracke gab es fünf solcher Mannschaftsstuben.

In der Nachbarbaracke standen unsere Doppelstockbetten aus Holz. Dort befand sich auch der Waschraum für die Kameraden und ein Aufenthaltsraum. Mitte November wurde dieser Raum zum Schlafraum, die Doppelstockbetten gab es nicht mehr. Eine der fünf Mannschaftsstuben wurde geräumt, die Kameraden aufgeteilt auf die vier restlichen Stuben. Wir rückten zusammen und hatten jetzt den Aufenthaltsraum gleich in unserer Wohnbaracke, das war sehr praktisch.

Die Mannschaftsstuben bekamen alle einen Namen, unsere hieß „von der Golz". Freiherr von der Golz (1834 - 1916) war Generalfeldmarschall und 1915 Führer der 1. Türkischen Armee. Er verfasste Schriften über Kriegsführungen.

Auf den 1. Heimaturlaub haben sich alle gefreut, und jeder war bestrebt, sich heraus zu putzen. Die Uniform allein machte nicht viel daher. Anstelle des Käppis musste es eine schicke Schirmmütze sein und das lederne Koppel ließ sich durch ein Lackkoppel mit Seitengewehr ersetzen. Da diese „Verschönerungen" im Dienst nicht erwünscht waren, konnten wir auch nur zu Hause damit herumstolzieren. Ich war damals mit meinen 15 Jahren sehr stolz auf die Uniform und wollte unbedingt dieses außergewöhnliche Beiwerk besitzen. Am 01.09.1940 schrieb ich meinen Eltern einen Brief, in dem ich sie bat, mir die folgenden Dinge zu kaufen: ein Seitengewehr, kurz für 5.- RM, eine Extra-Infanterie-Mütze, Größe 56 für 8,50 RM, Trikot-Handschuhe, gefüttert für 2,50 RM und ein Lackkoppel mit Steg und Schloss, Größe 96. Diese Gegenstände bezogen meine Eltern von Uniform-Degner in Berlin. Ich bat meine Eltern, mir diese Dinge nicht nach Annaburg zu schicken, solche extravaganten Uniformen waren nicht erwünscht. Ich wollte nur zu Hause im Urlaub ein bisschen Eindruck schinden. Hingegen durfte ich von meinen Abzeichen das

Reichssport- und das HJ-Leistungsabzeichen in der Kaserne an der Uniform tragen. Beide Abzeichen hatte ich in Storkow erworben. Die Vorschriften waren ganz allgemein doch ziemlich streng für uns Schüler. Wir durften auch nur 3,- RM bei uns haben. Besaßen wir mehr, so musste man das Geld in der Schreibstube hinterlegen. Dort wurde es verwahrt, ich führte über meine Finanzen genau Buch.

Ausbildung und Dienst in Annaburg reichten vom normalen Unterricht, wie Deutsch, Mathe, Naturkunde, Geschichte, Erdkunde und Sport über den praktischen Dienst wie Schießen, Ordnungsübungen und Geländedienst, bis hin zum Unterricht über das allgemeine Verhalten eines Soldaten.

Die Schulbücher bekamen wir gestellt, von den Eltern aber erbat ich mir für die Bücher eine Aktentasche.

Die praktischen Lehrstunden bestanden aus Schießübungen, denen eine gründliche Theorie vorausging. Dazu kam ein umfangreicher Geländedienst. Ein Schwerpunkt war die Kartenkunde, mit Orientierungsmärschen nach Karte und Kompass, sowie das Bestimmen der Himmelsrichtung. Außerdem erlernten wir infanteristisches Verhalten im Gelände, Sicherung der Truppe während des Marsches und vieles mehr. Am 25.07.1940, also drei Wochen nach der Aufnahme in die Uffz.-Vorschule, lernten wir den Einsatz von Gasmasken kennen, sie gehörten fortan zu unserer ständigen Ausrüstung.

Der Heeressport war ein wichtiger Bestandteil in der Ausbildung für uns zukünftigen Offiziersschüler. Leichtathletik und Handball trainierten wir auf dem Sportplatz. In einem 25 m langem Schwimmbecken führten wir Schwimm- und Tauchübungen durch. Das Training und die Wettkämpfe organisierte der Bataillonssportlehrer Andreas, er war Ausbilder mit Offiziersrang. Er verstand es ausgezeichnet, uns sportliche Höchstleistungen abzufordern.

Die Aufgaben des Stubenältesten gegenüber seiner Stubenkameraden waren klar definiert. Da ich zum Stubenältesten ernannt worden war, gehörte es zu meinen Pflichten auf Ordnung und Sauberkeit in der Stube zu achten. Ich musste die schmutzige Wäsche einsammeln und die saubere verteilen. Darüber führte ich genau Buch, damit jeder soviel zurück bekam, wie er abgeliefert hatte.

Wollten wir ins Kino gehen, sammelte ich das Kinogeld ein und wir gingen geschlossen hin, um uns den ausgewählten Film anzusehen. Ein Kinobesuch kostete 20 Reichspfennige. Damals lief gerade der Film „Jud Süß", es ist der einzige, an den ich mich erinnern kann. Er hinterließ bei mir einen nachhaltigen Eindruck. Es war die Musik, die mir so sehr gefiel.

Die schmucklose Barackenstube bekam im Laufe der Zeit einige Verschönerungen von uns, damit zog zumindest vorübergehend etwas Gemütlichkeit ein. Ich ließ mir von meiner Mutter eine passende Tischdecke und eine Vase schicken. Bald zierte meinen Tisch ein bunter Blumenstrauß. Andere Kameraden taten es mir gleich, auch sie hatten Freude an der optischen Aufwertung unserer Stube.

In der Nachbarstube wohnte ein Kamerad, der sehr talentiert Karikaturen zeichnete. Ich war mit ihm befreundet und so schenkte er mir eines Tages eine Karikatur mit meinem Namen versehen als Namensschild für meinen Schrank. Sein Talent fand bei den anderen Gefallen und Egon Bolz, so hieß der Künstler, kam aus dem Zeichnen nicht mehr raus. Nur Namensschilder malte er nicht mehr, auf diese Weise blieb meines als Unikat in meiner Erinnerung.

Der Stubenälteste besaß auf den Zusammenhalt der Kameraden in seiner Stube großen Einfluss. Gab es einmal einen ernsthaften Streit, so wurde dieser in unserem Kreis friedlich beigelegt. Wir respektierte uns gegenseitig, so wie wir waren mit all unseren

Stärken und Schwächen. Es war leider nicht in jeder Stube so kameradschaftlich wie bei uns. In einer Nachbarstube befanden sich ein paar rauflustige Österreicher, die ihrem Temperament manchmal ungezügelt freien Lauf ließen. Dann kam es zu einer handgreiflichen Auseinandersetzung. Schlimmer fielen die Rachegelüste aus, wenn sie heimlich im Schlafraum ausgetragen wurden. So geschah es einmal, dass plötzlich einige aufsprangen, zu einem Bett liefen und den Schläfer darin überwältigten. Sie legten ihn auf den Bauch, zogen ihm das Nachthemd über den Kopf und hielten ihn an Händen und Füßen fest. Jammern half nicht, das war unter der Soldatenwürde. Einer schmierte ihn dann mit schwarzer Schuhcreme den Hintern ein und ein anderer bürstete ihn blank. In wenigen Minuten war der Spuk vorbei und im Schlafraum kehrte wieder Ruhe ein. Über den Grund dieser drastischen „Erziehungsmaßnahme" wurde auf allen Seiten absolutes Stillschweigen gewahrt. Die Übeltäter gehörten nicht zu meiner Stube, und ich habe nie über den Anlass etwas erfahren.

Unsere 3. Kompanie war sechs Vorgesetzten unterstellt. Major von Plessen war unser Bataillonskommandeur, und der Kompaniechef hieß Leutnant Güttler und Bataillonsadjutant wurde unser ehemaliger Zugführer Leutnant Rackow. Wir erhielten als neuen Zugführer den Leutnant Zwanziger. Der Unteroffizier Böhme gehörte zu den Ausbildern.

Titel, Auszeichnungen, Abzeichen, Litzen an der Uniform und rätselhafte Abkürzungen waren eine gute Triebkraft zum Erreichen von Bestleistungen für uns Jungschützen-Anwärtern. Wir wurden schikaniert und ausgezeichnet. Mit diesen Instrumenten der Macht erzogen die Ausbilder uns zu Härte und unbedingtem Gehorsam.

Nach 3 Wochen war die Ausbildung soweit gediehen, dass wir als „Jungschützen" zum Dienst eingeteilt wurden. Der Diensthabende im Kompaniebereich wechselte täglich, er nannte sich

„Jungschütze vom Dienst“ oder „J.v.D.“. Dann gab es noch den Wochendienst im Zugbereich. Der Diensthabende hieß dann „Jungschütze vom Wochendienst“ oder „J.v.W.“. Der Wochendienst war umfangreicher angelegt. Die Einteilung von Wasch- und Schlafraumdienst, abends Baracken abschließen, morgens eine schriftliche Meldung über Vorkommnisse in der Schreibstube abgeben und schließlich dem Zugführer den angetretenen Zug melden. Der Dienst erforderte von uns nicht nur Disziplin und Pünktlichkeit, sondern verschaffte uns auch einen gewissen Grad an Freiheit, den wir auszunutzen verstanden.

Jeden Tag marschierten wir von der Kaserne laut singend zum nahe gelegenen Schloss. Nach den Liedern ließ es sich gut marschieren, es hob unsere Erwartung auf ein reichliches Essen im großen Saal, und außerdem hörten die Bewohner von Annaburg dem frischen Gesang jugendlicher Stimmen gern zu. Von uns Schülern meist unbemerkt war eine gewisse Unregelmäßigkeit in der Zuteilung der Lebensmittel zu verzeichnen. Ich erwähnte in Briefen an meine Mutter, dass wir an manchen Tagen nur zwei Stullen bekamen, dann wiederum auch mal vier. Ab Mitte August wurde uns ein halber Liter Milch zugestanden, sie war jedoch reichlich vorhanden und so gab es oft auch einen ganzen Liter. Sogar Bonbons wurde an jedem 5. Tag ausgegeben. Zigaretten bekamen wir nicht, wir waren zu jung. Für die Zivilbevölkerung waren die Nahrungsmittel bereits vor Beginn des Krieges nur über Lebensmittelkarten zu beziehen. Meine Mutter glaubte, ich würde Hunger leiden und schickte mir deshalb fast alle 14 Tage ein Paket mit Kuchen, Keksen und hin und wieder Schokolade. Diese Dinge mochte ich sehr und hatte sie bei unserer Verpflegung bereits vermisst. Ansonsten habe ich alles gegessen, was uns zugeteilt wurde. Es kam vor, dass jemand versuchte, einem Kameraden das Essen zu vermiesen, zum Beispiel, wenn es um eine Stange Harzer Käse für unsere Brote ging. Der Harzer Käse war außen weich und grünlich-gelb, innen hingegen noch fest und weiß. Vom Geruch und dem Aussehen war er nicht besonders appetitlich. deshalb bekam diese Käsestange den Spitznamen „toter Polizeifinger". Mit viel Fantasie überboten sich ein paar Kameraden den „Verwesungsgrad" drastisch zu schildern, bis sich einige durch diese derben Darlegungen ekelten und den Käse nicht anrühren mochten. Darüber freuten sich die Anstifter, sie kamen auf diese Weise zu einer doppelten Käseration, ich profitierte davon als „illegaler" Nutznießer.

Bei einer Befehlsausgabe im September 1940 verkündete der „Spieß", dass wir bis zum ersten Oktober unseren arischen Nachweis zu erbringen hätten. Am Abend schrieb ich sofort an meine Eltern und bat sie um den geforderten Nachweis über die arische Linie meiner Eltern und Großeltern. Schon kurz darauf erhielt ich die beglaubigten Abschriften von den Urkunden, die meine arische Abstammung belegten. Ich musste sie in der Schreibstube abgeben und die Sache war für mich erledigt.

Im Oktober 1940 unternahmen wir eine Fahrt nach Wittenberg/ Lutherstadt. Der Unkostenbeitrag betrug 20 Reichspfennig, die ich einkassieren musste. Auf dem Plan stand eine Stadtbesichtigung, ich fotografierte eifrig mit meiner Agfa-Box, ein Geschenk zum 15. Geburtstag. Wir erfuhren, dass Luther an der Tür zur Schlosskirche am 31.10.1517 seine 95 Thesen gegen den „Sündenablass" angeschlagen hatte. Ich schrieb zum Besuch der Schlosskirche an meine Mutter: „Wir waren am Sonntag in der Kirche", mehr nicht.

Nach knapp vier Monaten in Annaburg erhielten meine Eltern Post von der Uffz.-Vorschule. Darin wurde ihnen mitgeteilt, dass ich nicht rauche und mit meinem Geld sparsam umgehe. Mehr schrieb mir meine Mutter nicht über den Inhalt dieses Briefes, was ich sehr bedauerte. Zu gern hätte ich gewusst, was sonst noch über mich geschrieben wurde. Der Brief existiert leider nicht mehr. Ich bekenne freimütig, dass ich kein Musterknabe war.

Mit einem Kameraden aus der Nachbarstube gab es einmal an einem Sonntag eine handfeste Auseinandersetzung. Ich wollte die Kaserne verlassen, hatte meine Ausgehuniform an. Da kreuzte der Kamerad namens Schreiber mit einer vollen Kaffeekanne meinen Weg. Er pöbelte mich an und ich konterte. Ein unschöner Wortwechsel endete mit einer heißen Dusche aus der Kaffeekanne auf meine Uniform. Ich nahm Boxstellung ein, er tat das gleiche. Ich griff blitzschnell an und er verlor einen Schneidezahn. Die Lippe blutete und er gab auf. Er lispelte nur noch mit drohendem Blick einen Racheschwur. Er hat diesen Kampf nicht gemeldet, sondern von einem Sturz beim Betreten der Baracke gesprochen. Auch später hat er nie wieder Streit mit mir gesucht. Wir gingen uns aus dem Wege. Aber mein Ausgang war passé, ich musste meine Uniform reinigen.

Einen Vorgeschmack auf den Krieg bekamen wir 15-jährigen Uffz-Vorschüler bereits drei Wochen nach unserer Aufnahme in die Kaserne. Vom 25.07. bis 27.07.1940 mussten wir neun mal den Luftschutzkeller aufsuchen. Der Fliegeralarm wurde immer nachts zwischen Null und Fünf Uhr ausgelöst, wir hockten dann 1 ½ bis manchmal 4 Stunden im Keller.

Ab Oktober 1940 fingen wir an, Kameradschaftsabende vorzubereiten. Unser Zugführer, Leutnant Zwanziger, hatte uns dazu ermuntert. Es wurde früh dunkel, und wir waren zu längeren Stubenaufenthalten gezwungen. Leutnant Zwanziger hatte als ehemaliger HJ-Bannführer Erfahrung im Umgang mit Jungen in unserem Alter. Unter seiner Anleitung gestalteten wir drei Abende, Lieder standen im Vordergrund. Ein „Bunter Abend" stellte dann den Höhepunkt aller Kameradschaftsabende dar. Drei Tage lang bauten wir eine Bühne auf, übten unsere Vorführungen ein und verteilten selbst geschriebene Einladungen. Sogar der Major und seine Gattin waren erschienen. Unsere Aufführungen standen unter dem Thema „Eine Reise durch Deutschland". Jeder Gau, von Ostpreußen, Pommern, Berlin, Schlesien, Sudetenland bis zur Ostmark (Österreich) wurde vorgestellt. Fast jeder Jungschütze brachte aus seinem Gau etwas zur Aufführung. Ein Lied von den „Blauen Jungens" aus Hamburg, ein Gedicht von Fritz Reuter aus Pommern, „Küchenlieder der Mamsell" sangen die Berliner zum Leierkasten, einer führte einen „Flohzirkus" nach Zirkus Busch vor. Das Robert-Koch-Krankenhaus wurde mit einer „Blinddarmoperation" als Schattenspiel vorgestellt. So hatte jeder aus seinem Gau etwas Besonderes vorgetragen. Zum Schluss traten alle Mitwirkenden an und der Major gab jedem die Hand. Er bedankte sich mit den Worten: „Besser hätten es Berufsschauspieler nicht machen können". Wir waren alle stolz auf das Lob unseres Majors.

Einige Tage später kam es zu einem unliebsamen Zwischenfall mit der HJ aus Annaburg. Wir wurden von ihrem Führer aufgefordert zu einer Jugendkundgebung in unserem Speisesaal zu erscheinen - mit der HJ-Armbinde am linken Ärmel. Wir waren zwar im HJ-pflichtigen Alter, und der Annaburger HJ-Führer glaubte, über uns ein Mitspracherecht zu besitzen, das er nicht hatte und auch nicht bekam. Wir gehörten zur Wehrmacht und waren dem Oberkommando des Ersatzheeres unterstellt. Wir fügten uns nur widerwillig, damit es nicht zu einer offenen Auseinandersetzung zwischen der HJ-Führung und der Wehrmacht über uns Jungschützen kommen würde. Der Gaupropagandaleiter Weise hielt eine seiner üblichen Reden, die ich mir nicht gemerkt habe. Sofort nach der Kundgebung entfernten wir die Armbinden und marschierten zurück in die Kaserne. Dabei sangen wir, etwas lauter als sonst, unsere Soldatenlieder.

Ich verbrachte meine erste Kriegsweihnacht in der Kaserne. Im Dezember bastelten wir aus Holz Kerzenhalter, ein Adventskranz wurde geflochten und die Stube ausgeschmückt. Wir studierten Weihnachtslieder ein. Sie wurden zur Weihnachtsfeier am 16. Dezember gesungen. Als Weihnachtsgeschenke erhielten wir kleine Bücher, die wir uns vorher auswählen durften. Ich entschied mich für den Gedichtband „Volk an der Grenze“ und für das Buch „Siebenbürger Deutschtum“. Auch aus der Heimat kam ein Buchgeschenk: „Volk und Führer“ von Hans Bodenstedt. Die Absender waren der Ortsgruppenleiter und der Amtsleiter.

Ein Höhepunkt in unserer Ausbildung war das Skilager in Steinschönau/Sudeten. Eine passende Skibekleidung gab es nicht. Dafür haben wir die tschechischen Uniformhosen mit den Wickelgamaschen und den Schnürschuhen verwendet. Vor der Abreise erhielt jeder einen Tornister für die persönlichen Sachen. Mit der Bahn fuhren wir nach Steinschönau, natürlich in unserer Ausgehuniform. Am Bahnhof standen Hitlerjungen bereit, um jeden zu seinem Quartier zu führen. Einwohner stellten uns Privatunterkünfte mit Familienanschluss zur Verfügung. Ich kam zu einem jungen, kinderlosen Ehepaar, die sich über die Abwechslung in ihrem Alltag sehr freuten. Mein Zimmer befand sich unter dem Dach. Abends heizte jemand für mich den kleinen Kanonenofen an. Die niedrigen Außentemperaturen hatten tagsüber den Raum so ausgekühlt, dass selbst die Betten klamm waren. Am frühen Morgen fror ich bereits heftig. Das Ehepaar Ratzka bat mich, morgens rasch in die warme Küche zu kommen. Herr Ratzka verließ immer sehr zeitig das Haus, um zur Arbeit in die Schönauer Glasbläserei zu gehen. Frau Ratzka versah den Haushalt. Sie servierte mir morgens in einem leichten durchsichtigen Schlafgewand mein erstes Frühstück: Kaffee und Brötchen. Dann setzte sie sich mir gegenüber an den Tisch und plauderte mit mir, als ob meine beste Freundin zu mir spräche. Von Tag zu Tag redete sie liebevoller und aufreizender, was mich sehr verwirrte. Sie muss mich wohl für älter eingeschätzt haben als ich war. Um 8.30

Uhr ging ich aus dem Haus. Unsere Kompanie traf sich um 9 Uhr in der Gaststätte Richter zum Frühstück. Es war mein zweites.

Am ersten Tag erhielten wir unsere Skiausrüstung, einfache Holzski mit einer Lederbindung, die dem Schuh angepasst werden musste, Herr Ratzka half mir dabei. Außerdem gab es Skiwachs, mit dem wir unsere Ski selbst einrieben und polierten.

Der Ort war reichlich mit Schnee gesegnet, er stand über 1 m hoch, durch Verwehungen türmten sich sogar Schneeberge auf. Die Nachmittage standen uns zur freien Verfügung. Mit Otto Lang unternahm ich Spaziergänge durch das verschneite Steinschönau. Ein junges hübsches Mädchen kreuzte unseren Weg und wir freundeten uns an. Otto schwärmte von ihr, aber wir befanden uns in der Ausbildung und da war wenig Zeit zum Träumen. Täglich ging es auf den Skiern bergauf und dann wieder bergab. Wir trainierten die Schwünge, die Lauftechniken, die Abfahrt und den Aufstieg. So ging es tagelang. Es wurden immer steilere Hänge in der Umgebung aufgesucht. Der Aufstieg wurde immer schwieriger und die Abfahrt komplizierter. Können, Geschicklichkeit und anfangs auch etwas Mut gehörten dazu, wenn es hangabwärts durch schmale Waldschneisen ging. Besonders gut beherrschten die Österreicher ihre Skier, sie waren mit solchen groß geworden. Die Zahl der Stürze verringerte sich von Tag zu Tag bei uns, wir „Flachlandtiroler“, so nannten uns die Österreicher, lernten eben dazu.

Auch bei diesem Lehrgang wurde die Freizeit am Nachmittag genutzt für Veranstaltungen, Vorträge im Kinosaal, Besichtigungen vom Glasbläserwerk und dem Glasbläsermuseum. Am letzten Sonntag fand ein Skiwettkampf mit der Steinschönauer HJ statt. Die Österreicher Kameraden haben unsere Kompanie erfolgreich vertreten. Die Einbeziehung der Bevölkerung gehörte zum Konzept der Wehrmacht. Alles musste „volksnah“ sein. Ich begleitete meine Wirtsleute zu unserem Unterhaltungsabend. Die

Steinschönauer Bevölkerung hatte ebenfalls Zutritt zu dieser Abschiedsveranstaltung. Ich saß mit meinen Wirtsleuten im Saal an einem Tisch. Der Kompaniechef hielt eine Rede, er bedankte sich bei den Gastfamilien für die freundliche Aufnahme und Bewirtung. Wir sangen Lieder und jemand gab ein paar humoristische Einlagen zum besten. Es war ein sehr gelungener, stimmungsvoller Ausklang unseres Aufenthaltes in Steinschönau. Ich dachte an ein Manöver in Storkow, da kamen die Soldaten genauso in Privatquartieren unter. Auch sie wurden ebenso freundlich aufgenommen von der Stadtbevölkerung. Nun erlebte ich an mir selbst eine ähnliche Situation. Ich erhielt von Herrn Ratzka als Abschiedsgeschenk vier Trinkgläser, von ihm selbst hergestellt und ein Likörservice. Ich freute mich sehr darüber. Mit Frau Ratzka wechselte ich noch viele Briefe.

Am 11. Februar verließen wir Steinschönau und es ging zurück nach Annaburg.

Das erste Ausbildungsjahr war zu Ende, und es gab Zeugnisse. Eine Inspektion bewertete die erbrachten Leistungen. Sie hat darüber entschieden, wer wegen schlechter Ergebnisse die HUVS verlassen muss. Ich erhielt als Gesamtzensur die Note gut und durfte bleiben.

Die Uffz.-Vorschule in Tetschen

Mein 16. Geburtstag rückte näher. Zur Feier des Tages verteilte ich Mutters Kekse, ihren Kuchen musste ich aber allein essen. An diesem Tage erfuhren wir auch, dass die Vorschule Annaburg aufgelöst wird und wir auf andere Uffz.-Vorschulen aufgeteilt werden.

Ende März gaben wir die letzte erhaltene Wäsche ab, dann sollte sich jeder zu seinem neuen Standort begeben. Unsere Wege trennten sich, nur Risy und ich blieben zusammen. Ich erfuhr, dass im Tetschener Schloss eine neue Uffz.-Vorschule eingerichtet wurde.

Schloss Tetschen

Mehrere Annaburger Kameraden fuhren mit der Bahn entlang der Elbe durch die Sächsische Schweiz. Ich genoss die herrliche Aussicht bis wir am Bahnhof Tetschen ankamen. Das Schloss haben wir bereits vom Zug aus gesehen, hoch oben auf einem Felsmassiv. Vom Bahnhof gingen wir zu Fuß zum Schloss. Die letzten hundert Meter waren noch recht steil, dann standen wir endlich im Innenhof von dem Gebäudekomplex. Vier Nadelbäume konnte ich erkennen, eine Rasenfläche, und vor dem Offizierskasino hing die Reichskriegsflagge recht schlaff am Fahnenmast herunter. Ein breiter Kiesweg war der Appellplatz. Im Schlosshof standen Unteroffiziere, die uns in die Quartiere einwiesen. Die Mannschaftsstuben waren einst pompöse Schlossräume. Jetzt standen 35 Militärschränke an den Wänden. An den Tischen hatten mehrere Personen Platz. Wie schön war es doch in Annaburg gewesen, wo jeder in der Barackenstube seinen eigenen Tisch besaß!

Wir machten uns gegenseitig in der Stube bekannt. Ich konnte mir nicht gleich alle 34 Namen merken. Stubenältester wurde ich nicht mehr und war ganz froh darüber. In dieser großen Stubengemeinschaft wäre es mir schwergefallen, eine gewisse „Vorgesetztenrolle" zu spielen.

Nach dem Wäscheempfang bezogen wir unsere Betten. Was für ein Schlafsaal! Eine große Halle mit Parkettfußboden, Stuck an der Decke und ein wunderschöner Kachelofen aus Porzellan stand in der Ecke. In diesem Raum standen nun in mehreren Reihen eiserne Doppelstockbetten, so dass alle Jungschützen der Kompanie dort unterkamen. In den Zwischenräumen stand jeweils ein Schemel. Wie primitiv, dachte ich, ein so schöner Raum und dachte dabei auch ein bisschen an das Schützenhaus in Storkow. Die Wäsche mussten wir mit Namensschildern versehen, um Verwechslungen auszuschließen. Nähen konnten wir ja inzwischen.

Ich hatte mein Bett unten, mein Bettnachbar hieß Klaus Rast. Wir wurden Freunde und waren in unserer Freizeit viel zusammen. Seine Verwandten wohnten in Berlin-Moabit. Wir fanden heraus, dass ein Kriegskamerad meines Vaters aus dem 1. Weltkrieg nur zwei Straßen weiter wohnte. Ich besuchte ihn, wenn ich bei Klaus ein paar Urlaubstage verbrachte. Klaus besaß ein Filmvorführgerät und lud gern zu Filmvorführungen ein, die er bereits in Tetschen sorgfältig vorbereitet hatte. Er liebte sein Hobby und wollte die Soldatenzeit beenden. Er sah im Film seine Zukunft. Ich konnte ihn überreden, zu bleiben. Nach der Zeit in Tetschen wurden wir in verschiedene Uffz-Schulen versetzt. Seit dem habe ich nie wieder von ihm gehört.

Mit Klaus Rast verbrachte ich gern meine Freizeit. Wir gingen ins Café, ins Kino oder Theater. Als der Zirkus Krone in Tetschen gastierte gingen wir auch dorthin. Pfingsten mussten wir uns selbst verpflegen, ich fand das etwas seltsam. Mit Klaus kauften wir rechtzeitig Brot, Butter, Wurst und Getränke ein, so kamen wir über die Runden. Auf unseren Spazierwegen hatten wir zwei hübsche Mädchen kennengelernt, mit ihnen verbrachten wir die Pfingsttage in recht angenehmer Gesellschaft.

Im Schloss gab es noch bauliche Veränderungen. Als diese beendet waren, zog ich mit einigen Kameraden in einen kleineren Schlossraum um. Jetzt hatte ich einen schönen Ausblick auf das gegenüberliegende Elbufer. Ich konnte die Eisenbahn- und die Straßenbrücke sehen. Unweit der Brückenpfeiler hatten die Tschechen kleine Betonbunker mit Schießscharten errichtet. Im Sommer beobachtete ich, wie am Elbufer die jungen Leute Faltboote zusammenbauten. Sie ließen sich mit diesen Elbabwärts treiben. In mir wurde die Sehnsucht wach, selbst einmal in solch einem Paddelboot bis Pirna oder Dresden auf der Elbe zu treiben.

Unter meinem Fenster befand sich in 3 m Tiefe ein ummauerter Vorsprung, auf ihm blies jemand aus der Armeekapelle jeden Abend den Zapfenstreich.

Es reizte mich, das Schloss näher zu erforschen. Über das Offizierscasino kam ich in einen Vorraum, wo an den Wänden Regale bis zur Decke gefüllt mit Büchern standen. Es waren Folianten, die ich nicht in die Hand zu nehmen wagte. Ich verließ das

Schloss, weitere Räume sah ich mir nicht an. Im Urlaub informierte ich mich in Meyers Lexikon über das Schloss: Der letzte Besitzer Graf von Thun und Hohenstein war ein leidenschaftlicher Sammler von Kunstwerken aller Art. Er besaß u.a. die umfangreichste Bibliothek seines Landes, eine wertvolle Münz- und Waffensammlung. Der Graf verkaufte 1932 das Schloss an den Staat. Seit dem wurde es als Kaserne genutzt. Als ich das las, stellte ich mir viele Fragen: Wo sind die Besitzer des Schlosses verblieben, wo sind die über 40.000 Bücher aus der Bibliothek hingekommen und...und...und? Ich hatte doch nur einen Bruchteil der Bibliothek gesehen. Zum weiteren Erforschen kam ich in der Uffz-Vorschule nicht.

In der Tetschener Zeit führte ich rege Korrespondenz mit meinen Storkower Freunden. Sie waren jetzt alle im wehrfähigen Alter. Am häufigsten aber wechselte ich mit meiner Mutter Briefe. Sie war um mich sehr besorgt, glaubte sie doch, ich würde Hunger leiden. Sie schickte mir deshalb regelmäßig Päckchen mit Esswaren, die sie sich selbst absparte oder von Freunden für mich geschenkt bekam. Die Post durften wir seit dem 27.09.1941 mit der Aufschrift „Feldpost" versehen, dadurch ersparte ich mir das viele Porto.

Unterhalb des Schlosses befand sich auf den Elbwiesen unser Exerzierplatz. Hier wurden wir gedrillt in militärischem Auftritt: Antreten in verschiedenen Formationen, Wenden, Marschieren in Zug- und Kompaniestärke mit und ohne Gesang. Auch das militärische Grüßen gehörte zur Ausbildung. Erfolgte nicht alles zackig genug, so scheuchte uns der Oberfeldwebel über die Elbwiesen. Wir konnten regelmäßig einmal in der Woche damit rechnen.

Der allgemeinbildende Unterricht fand weiterhin statt, er war etwas anspruchsvoller als in Annaburg angelegt. Unsere Lehrer waren Reserveoffiziere, die kriegsbedingt eingezogen worden waren. Unser Deutschlehrer, Oberleutnant Koeppen, war Artillerist, sehr gepflegt und nicht mehr so jung. Zu uns Jungschützen trat er stets väterlich auf. Er gestaltete den Deutschunterricht hochinteressant und lehrreich. Ich lernte viel bei ihm.

Anfang September gab es in Tetschen den ersten Fliegeralarm. Wir versahen ungerührt weiter unseren Dienst, wobei ich gedacht habe, gibt es im Schloss überhaupt einen Luftschutzkeller?

Ende September kam ich ins Krankenrevier: Ziegenpeter! Zwei Stubenkameraden erging es ebenso, uns wurde Bettruhe verordnet und wir erhielten medizinische Versorgung. In dieser Zeit bekam ich die Nachricht vom Tod meines Großvaters Elxnat. Auf Grund meiner Erkrankung durfte ich das Objekt jedoch nicht verlassen.

Nach meiner Genesung ging ich mit der Kompanie zum Ernteeinsatz. Die Kompanie wurde auf die landwirtschaftlichen Betriebe um Tetschen aufgeteilt. Die landwirtschaftliche Hochschule benötigte ebenfalls Erntehelfer. Kartoffeln buddeln und sortieren, Klee mähen und aufladen und nicht zuletzt auch Obstbäume ausgraben, die zum Verkauf bestimmt waren. All das gehörte zu unseren Arbeiten als Erntehelfer.

Im selben Monat wurden wir zur Blutspende aufgefordert. Ich meldete mich und mir wurde ¼ l Blut abgezapft. Diese Blutspende bekamen wir gut honoriert: 5,- RM, und 14 Tage lang zusätzlich Verpflegung.

Die Weihnachtszeit rückte näher und der Wunsch nach einer Weihnachtsfeier vor unserem Urlaub wurde geäußert. Heimlich dichteten wir ein paar Verse und nahmen unsere Ausbilder dabei aufs Korn. Unangenehme Konsequenzen gab es deshalb keine.

In der Tetschener Uffz-Vorschulzeit erhielt ich zweimal längeren Urlaub. Drei Wochen im Sommer und im Winter über Weihnachten bis zum neuen Jahr. Ich erhielt Verpflegungs- und Taschengeld, insgesamt für 44 Tage 96,60 RM. Meinen Sommerurlaub verbrachte ich in Storkow, Die Uniform trug ich jetzt nicht mehr so oft, ich fühlte mich ohne sie freier. Nur einmal zog ich sie an, als ich mich in der Schule meinem ehemaligen Schuldirektor Dörner vorstellte. Er freute sich und nahm mich gleich zum Fahnenappell auf den Schulhof mit. Dort stand ich dann neben ihm, als er seine Rede hielt. Er äußerte sich vor allen Schülern lobend über meine eingeschlagene militärische Laufbahn. Mir war das unangenehm, zählte ich doch in meiner Mittelschulzeit nicht zu den Musterschülern. Was doch so ein Auftritt in Uniform bewirken kann!

Im Weihnachtsurlaub ging ich oft ins Kino. Das Weihnachtsfest in Familie lief wie in jedem Jahr traditionell ab, nur in diesem Jahr waren das Festessen und die Geschenke dem Kriegsgeschehen angepasst.

Silvester war ich mit meinem Schulfreund Helmuth Brückner unterwegs. Er führte mich in ein Lebensmittelgeschäft in der Poststraße. Hier bedienten zwei junge Verkäuferinnen, die es ihm angetan hatten. Wir waren die einzigen Kunden und verlangten Kekse ohne Markenabgabe. Ursel, die Verkäuferin, rückte keine Kekse ohne Markenabgabe raus. Die Geschäftsführerin tauchte plötzlich auf und nun ging die Diskussion richtig los. Schließlich fragten wir nach Wein, den sie doch bestimmt hätte und uns zu Silvester spendieren könnte. Das war zwar auch nicht erwünscht, doch sie bat uns nach hinten in ihr Kabuff. Dort holte sie eine Flasche aus einem Versteck hervor. Der angebrochene Abend wurde recht lustig, bis auf einmal vorn im Laden der lange Stadtgendarm Voß dastand! Die Geschäftsführerin, sie hieß ebenfalls Ursel, eilte vor in den Laden. Dort musste sie sich ein Donnerwetter vom Gendarmen anhören, weil sie das Geschäft nicht abgeschlossen hatte. Dann verließ er uns, und Ursel köpfte eine zweite Flasche Wein. Ziemlich beschwipst ging es kurz vor Mitternacht heimwärts. Ich konnte stark angeheitert, aber pünktlich mit meinen Eltern auf das neue Jahr anstoßen.

Viele Jahre später erfuhr ich, dass Ursel geheiratet hatte und ein Kind bekam. Im April 1945 zog sie mit den deutschen Truppen in Richtung Halbe und ist dort mit ihrem Kind ums Leben gekommen.

Auch in der Tetschener Uffz.-Vorschule hatte der Sport einen hohen Stellenwert. Wir trainierten bei jedem Wetter auf dem Sportplatz Disziplinen der Leichtathletik und Handball. Im Winter ging es in den unbeheizten Saal einer Tetschener Gaststätte. An einem Sonnabendmorgen stand zum Abschluss der Sportstunde ein Hindernislauf auf dem Plan. Ich hatte eiskalte Füße und war durchgefroren. Es galt Bänke zu überspringen, und ich stieß mit dem rechten Fuß an die Bank. Erst nachdem die Schmerzen unerträglich wurden, suchte ich den Stabsarzt auf. Er verschrieb mir Innendienst, sitzen und Fuß hochhalten. Ich nutzte diese Zeit gerne zum Lesen und Schreiben. Später stellte sich heraus, dass der Zeh angebrochen war und steif blieb. Am 08.02.1942 war der Fuß geheilt und ich konnte mit ins Skilager nach Steinschönau fahren. Am 10.40.1942 endete meine Uffz.-Vorschule. Jeder erhielt sein Abschlusszeugnis und die Versetzungen auf die Uffz.-Schulen wurden bekanntgegeben.

Zum Schluss gab es für uns alle eine zünftige Abschlussfeier.

Die Uffz.-Schule in Potsdam/ Eiche

Die Vereidigung in Potsdam

Ich erhielt eine Versetzung zur Infanterie-Unteroffiziers-Schule nach Potsdam/Eiche. Mit einer Vereidigung im April 1942 begann meine Lehrzeit als Soldat in der Wehrmacht. Mein Wunsch war damit in Erfüllung gegangen. Das richtige Soldatenleben konnte nun in Potsdam beginnen.

Kaserne in Potsdam / Eiche

Ich war damals 17 Jahre alt, als ich in der Uffz.-Schule in Potsdam/Eiche den Treueeid ablegte. Wir mussten schwören, bedingungslos bereit zu sein, für den Führer unseres Volkes, Adolf Hitler, treu bis in den Tod die soldatischen Pflichten zu erfüllen. Diesen Eid haben alle Soldaten der Wehrmacht schwören müssen. Das Soldatenleben war ganz auf dieses Gelöbnis ausgerichtet.

Ein Offizier sprach den Eid vor, ich habe ihn nachgesprochen und gleich vergessen.

Nach 63 Jahren fand ich in einem Buch den genauen Wortlaut wieder:

„Ich schwöre bei Gott diesen heiligen Eid, dass ich dem Führer des Deutschen Reiches, Adolf Hitler, dem Oberbefehlsheber der Wehrmacht, unbedingten Gehorsam leisten und als tapferer Soldat bereit sein will, jederzeit für diesen Eid mein Leben einzusetzen". (Zitat aus „Die Soldaten der Wehrmacht", herausgegeben von Hans Poeppel, W.K. Prinz von Preußen und K.G. von Hase, 1998.)

Die Vereidigung sollte der erste Höhepunkt unserer militärischen Laufbahn werden. Vorher wurden wir komplett neu eingekleidet und mussten tagelang exerzieren, bis am Tag der Vereidigung ein einwandfreier Auftritt in gut sitzender Uniform gewährleistet war. An diesem Tage bekamen alle eine persönliche Erkennungsmarke, die ab jetzt ständig an einer Schnur am Hals hing. Auf meiner stand: 1./H.U.S.P. 447 A. Der letzte Buchstabe war die Blutgruppe.

Meine infanteristische Grundausbildung begann am 01.04.1942 und ging über 6 Monate. Ein paar Wochen Drill und dann der ersehnte Freigang, erst nur in Potsdam, dann auch nach Berlin. Ich dachte Berlin ist nicht weit von Storkow, in zwei Stunden konnte ich auf einen Kurzbesuch bei meinen Eltern sein und noch vor 24 Uhr in der Kaserne eintreffen. Alles verlief nach Plan, bis ich den letzten Zug meiner vorbereiteten Planung von Potsdam nach Wildpark bestieg. Ich konnte nicht vorhersehen, dass er mit erheblicher Verspätung in Wildpark eintreffen würde. Die Zeit war sehr knapp und mein Fußweg zur Kaserne sehr lang. Im Eiltempo durchquerte ich den unbeleuchteten Park Sanssouci, es bestand ja eine Verdunkelungspflicht, die mir jetzt zum Verhängnis wurde. Schwitzend rannte ich vorbei am Neuen Palais, kürzte die Wege ab über Rasenflächen und glaubte schon, den anderen Parkausgang vor mir zu haben, als ich über eine Wegbegrenzung stolperte. Ich verlor meine Mütze, suchte auf allen Vieren kriechend und mit den Händen umher tastend bis ich sie endlich fand. Doch meine Uhr war fast abgelaufen, ich beeilte mich, wollte nicht allzu spät das Kasernentor durchschreiten. Keuchend verschwand ich in meiner Stube und machte mich für das Bett fertig. Plötzlich ging die Tür auf, der Feldwebel Pommering trat in die Stube, und ich nahm schleunigst Haltung an. Er war als Schreier bekannt, ich musste mir eine lautstarke Brülltirade anhören. Mein Verhalten würde ernste Folgen nach sich ziehen, waren seine letzten Worte beim Verlassen der Stube. Ich war beunruhigt, konnte nicht schlafen und sah mich schon für drei Tage im Arrest.

Der Morgenappell kam. Ich wurde mit einem anderen Kameraden vor die Front gerufen, das hat mich etwas beruhigt. Also gab es noch einen zweiten Sündenbock. Das Donnerwetter kam. Der Spieß sprach die Bestrafung aus: 3 Wochenenden kein Ausgang, täglich um 20 und um 21 Uhr beim U.v.D. melden, samstags und sonntags sogar alle zwei Stunden. Am Wochenende eine schriftliche Arbeit in Schönschrift beim U.v.D. abgeben, wenn die Küche Hilfskräfte anforderte, musste ich aushelfen und am Wochenende in der Küche arbeiten. Der Küchendienst nahm die meiste Freizeit in Anspruch. Ich machte aus der Not eine Tugend und füllte mein Kochgeschirr in der Küche mit allerlei Lebensmitteln, so kamen meine Stubenkameraden in den Genuss von zusätzlichen Rationen Zucker, Pudding oder anderen Lebensmitteln.

Pfingsten hatte ich meine Strafe abgeleistet. Ich reichte sofort Urlaub für eine Heimreise ein. Er wurde mir ohne Kommentar bewilligt und ich richtete meine Rückreise so ein, dass ich pünktlich in der Kaserne eintraf. Ich kam nie wieder zu spät!

In der Uffz.-Schule kam es auf die Körpergröße an, in welchem Zug und zu welcher Kompanie jemand zugeordnet wurde. Ich gehörte mit 1,82 m zur 1. Kompanie. Wir stellten mit unseren Körpergrößen als „Lange Kerle" die Lieblingssoldaten des Schulkommandeurs Oberst von Stülpnagel dar.

Das Exerzieren spielte in der Lehrzeit eine große Rolle. Die Ausbilder „schliffen" uns bis zur Erschöpfung. Oberst von Stülpnagel kam ab und zu und schaute dem Exerzieren zu.

In seinem Beisein fühlten wir uns stimuliert, die Übungen besonders zackig auszuführen.

Oberst von Stülpnagel schreitet die Front ab

Im Sommer 1942 hieß es plötzlich, dass unser Zug für Filmaufnahmen vorgesehen sei. In einem Propagandafilm sollte die Ausbildung der Infanteristen gezeigt werden. Die Uniform gereinigt, Koppelzeug geputzt, Schuhe blank gewienert, mit Stahlhelm und Karabiner marschierten wir an einem sonnigen Tag zum Rasenplatz vor dem Offizierskasino. Dort stand ein Kamerateam bereit, um die ersten Szenen zu drehen. Oberst Stülpnagel hatte vor seinen Soldaten eine Rede zu halten. Kaum hatte er zu sprechen begonnen, als dem Regisseur ein offenes Fenster im Offizierskasino auffiel.

Er unterbrach die Dreharbeit, ließ das Fenster schließen und fing von vorn an. Plötzlich verdunkelten dicke Wolken den Himmel, Scheinwerfer gab es nicht, also ließ der Regisseur die Arbeit wieder unterbrechen, bis die Sonne erneut den Platz gut ausleuchtete. Diesmal verliefen die Aufnahmen perfekt ab. Nach der Rede von Oberst Stülpnagel verließ dieser wortlos mit seinem Adjutanten schleunigst den Platz.

Auch für uns waren die Dreharbeiten an diesem Tag beendet. Wir zogen mit geschultertem Gewehr im zackigen Marschschritt zu unserem Kasernenblock ab. Am nächsten Tag erfolgten auf unserem Exerzierplatz weitere Dreharbeiten, die uns beim Exerzieren zeigten. Dabei mussten wir solange die einzelnen Übungen wiederholen, bis der Regisseur zufrieden war. Ein anderer Zug unserer Kompanie zeigte an den folgen Tagen die Gefechtsausbildung. Den fertigen Film haben wir nie gesehen. Ich weiß auch nicht, ob dieser Propagandafilm jemals im Kino oder als Lehrfilm gezeigt wurde.

Theorie und Praxis der infanteristischen Ausbildung

Der praktische Unterricht bestand außer dem Exerzieren in der Hauptsache aus Theorie und Praxis in der Schießlehre. Ich freute mich auf die praktischen Schießübungen.

Karabinerschießen in Potsdam

Der Schießstand befand sich außerhalb des Kasernenbereiches. Auf dem Marsch zum Schießstand sangen wir unsere Marschlieder. Der Weg führte am Haus von Herms Niels vorbei, dem Komponisten und Kapellmeister des RAD-Musikkorps. Eines Tages erwartete er die Kompanie bereits an seinem Gartentor und übergab uns ein neues Marschlied, von ihm getextet und komponiert. Es war ganz auf uns Infanteristen zugeschnitten. Jedes mal, wenn wir an seinem Haus vorbei zogen, sangen wir sein „Zicke zacke jumheidi, schneidig ist die Infanterie...".

Die theoretische Grundausbildung in der Kaserne endete auf dem Truppenübungsplatz „Bornstedter Feld“ mit der Praxis. Auf ihm hieß es nun, einen vorgetäuschten Feind nach unseren infanteristischen Grundkenntnissen in seinen Stellungen anzugreifen und zu überwältigen. Die angeordneten Angriffe verliefen nach alter, längst überholter Taktik, so, wie ihn die Reichswehr der Weimarer Republik den Soldaten eingedrillt hatte. Sie entsprach nach dem Polen.- und Frankreichfeldzug in keiner Weise mehr der neuen Blitzkriegstrategie.

Da unsere Ausbilder vorwiegend aus der Reichswehr hervorgingen, hielten sie an der alten Angriffstaktik fest. Wir lagen in langer Linie mit 5 m Abstand von Mann zu Mann in der Ausgangsstellung, Karabiner im Anschlag. Kam der Befehl zum Angriff, rief jeder zweite seinem rechten Kameraden zu: „Schieß du, ich springe!“ und sprang dann etwa 5 m mit seinem Karabiner vor. Der liegende Kamerad gab einen Schuss ab, der vorwärts springende Kamerad warf sich zu Boden, Karabiner sofort wieder im Anschlag.

Der erste Kamerad sprang auf, schnellte vorbei, hörte den Schuss hinter sich und ließ sich fallen. So wurde im wechselnden Sprung ein Infanterieangriff nachgestellt. Die Ausbilder warfen zwischen die Angreifer Knallkörper, um feindliche Artilleriegeschosse zu imitieren. Diese Ausbildung war gar nicht so nach meinem Sinn, ich hätte sie mir nach den neuesten militärischen Erkenntnissen gewünscht. Mit dem Rüstzeug eines Infanteristen ausgestattet, endete im August 1942 der Drill in Potsdam/Eiche.

Ich wurde an die Uffz-Schule für schnelle Truppen nach Sternberg versetzt.

Uffz.-Schule in Sternberg

Versetzung zur Schnellen Truppe

Am 01. Oktober 1942 kam ich nach Sternberg/Ostsudeten. Dort befand sich die Uffz.-Schule für schnelle Truppen. Hier erhielt ich eine Ausbildung zum Pz.-Spähwagen- und Pz.-Spätruppführer. Die Kaserne für die Uffz.-Schüler befand sich in der ehemaligen Heilanstalt (für Geisteskranke d. V.) von Sternberg. 1938 wurde das Sudetenland „heim ins Reich" geholt, wie es so schön hieß. In diese Heilanstalt mit ihren Gebäudekomplexen zog die Wehrmacht mit einer Kradschützenkompanie und drei Pz.-Grenadierkompanien zur Ausbildung ein. Die Geländefläche der Heilanstalt diente als Exerzier- und Truppenübungsplatz.

Wir hatten uns noch nicht richtig eingelebt, da erhielten wir den ersten Befehl zu einem nächtlichen Orientierungsmarsch. Mit LKW's brachte man uns in eine von der Kaserne weit entfernt liegende waldreiche Gegend. Dort erhielten wir den Auftrag, allein in die Kaserne zurück zu kehren. Den Fahrzeugen zu folgen, war nicht möglich. Wir mussten uns selbst helfen. Mit zwei Kameraden aus meiner Stube besprachen wir die Situation. Die anderen liefen etwas planlos in verschiedene Richtungen davon. Als wir drei allein waren, entwarfen wir einen Plan, wie die Kaserne am sichersten zu erreichen sei. Der Wald war licht und gab uns den Blick zum Sternenhimmel frei. Er war die einzige Orientierungshilfe, die wir hatten. Wir beschlossen, diese unabhängig von Wegen und Pfaden zu nutzen, bis wir aus dem Wald heraus wären. Wir hielten engen Körperkontakt, damit wir uns in der Dunkelheit nicht verloren. Schließlich erreichten wir eine Anhöhe mit weiter Sicht. Heinz sah als erster in der Ferne ein Licht, dieses galt es zu erreichen. Dafür änderten wir aber die Richtung und orientierten uns wieder nach einem Sternbild, welches uns hoffentlich zu dem Licht leiten würde. Nach einer endlos langen Zeit, wie es uns schien, erreichten wir den Waldrand und erblickten vor uns schemenhaft Häuser, aber keines war beleuchtet. Die kurze Entfernung zum Dorf war schnell bewältigt. Wir suchten nach Lebenszeichen und sahen einen schwachen Lichtstrahl durch eine Ladenritze schimmern. Wir machten uns bemerkbar, die Tür öffnete sich und ein junges Mädchen wollte wissen, was los ist. Wir haben nach dem Weg nach Sternberg gefragt und in welchem Dorf wir uns gerade befinden. Sie gab uns die gewünschte Auskunft. Dann lud sie uns spontan ins Haus ein, wir folgten ihr gern. Ihre Schwester kam hinzu und beide bereiteten uns ein schnelles Nachtmahl: Rührei mit Brot. Wir erzählten von unserer Mission, sie meinten beide, dass der Weg von Domeschau, ihrem Dorf, nach Sternberg nicht mehr weit sei. Nach Mitternacht verließen wir die beiden, sie luden uns ein, doch wieder mal zu ihnen nach Domeschau zu kommen. Wir versprachen es auch. Die Kaserne hatten wir bald erreicht und gingen freudig zu Bett. Wir waren die ersten im Objekt, außerdem gesättigt und ausgeruht! Andere hatten nicht so viel Glück, sie trafen gegen Mittag total erschöpft, müde und hungrig in der Kaserne ein. Das Versprechen, die Mädels in Domeschau zu besuchen, lösten wir öfter ein. Es gesellten sich ein paar Freundinnen aus dem Dorf hinzu und wir verbrachten viele recht interessante Wochenenden mit ihnen.

Dort lernte ich auch Gretel Pudel kennen, eine Cousine der Schwestern. Sie sollte in meinem weiteren Leben eine wichtige Rolle spielen.

Die Kaserne lag etwas abseits von der Stadt an der Olmützer Straße. Der Weg zur Stadtmitte war nicht weit. Mit meinem Kameraden Heinz suchten wir so oft es ging Gaststätten auf, um dort ein „Stammessen“ zu ergattern, ein Essen ohne Marken.

Von der Mutter erhielt ich Brotmarken, für die ich Backwaren kaufen konnte. In Sternberg lernten wir einige Mädels kennen, die uns bereitwillig die Stadt und die Sehenswürdigkeiten zeigten, mit uns ins Kino gingen oder mit uns wanderten.

Mit Gretl Pudel verband mich eine innige Freundschaft, die sich bei jedem Treffen immer mehr vertiefte. An den Wochenenden hielt ich mich meist in Domeschau auf. Mein Interesse an Gretl wuchs, sie lud mich zu den Eltern ein, dort wurde ich sehr herzlich aufgenommen und bewirtet. Der Vater von Gretl war Fleischermeister und Hildes Eltern besaßen einen Bauernhof. So bekamen Heinz und ich stets zusätzlich Essen, das war unser „Stammessen", für das wir auch von den Kameraden beneidet wurden. Denn das Frühstück und Abendessen fiel knapp aus, so dass wir immer hungrig den Tisch verließen. Während meiner Ausbildung in Sternberg unternahm ich viel mit Gretl gemeinsam, sie vertraute mir ihr Fahrrad an, damit ich die 4 km nach Domeschau schneller bewältigen konnte. Im Winter fuhren wir zum Skilaufen in die Berge. Im Sommer wanderten wir viele Stunden durch Wälder und Felder. Zukunftspläne schmiedeten wir nicht, Wir waren beide erst 18 Jahre alt, wollten Freunde bleiben und blieben es auch.

Unsere Stube war groß, aber für die 16 Kameraden doch sehr beengt. Eine Spindreihe diente als Raumteiler zum Schlafraum. Dort standen die Schränke aufgereiht an den Wänden. Wir schliefen in Doppelstockbetten. Von den 16 Kameraden kamen 8 aus Rumänien, nur einer sprach deutsch, er diente uns als Dolmetscher. Einige Rumänen besaßen bereits Fronterfahrung, einer trug das EK II, er hatte einen russischen Panzer abgeschossen. Mit einem Rumänen freundete ich mich an, er fiel mir durch sein tadelloses Verhalten auf. Gemeinsam erkundeten wir durch Stadtrundgänge unseren Schulungsort. Anfänglich war es nicht leicht, mit den Rumänen auszukommen, Ihre Lebensgewohnheiten entsprachen nicht immer den unseren, vor allem, was Ordnung und Disziplin betraf. Nach unseren Begriffen absolvierten sie ihre militärische Ausbildung in ganz primitiven Kasernen. Dazu kam die Sprachbarriere, so dass unsere Ausbildung nur schleppend voranging. Schließlich wurde generell der Dienst umstrukturiert, sieben Rumänen mussten unsere Stube verlassen, wir bekamen sieben deutsche Kameraden hinzu, so dass jetzt nur noch ein Rumäne bei uns verblieb. Unsere Stube war die einzige Mannschaftsstube im Häuserblock. Alle anderen Räume bewohnten Feldwebel und Unteroffiziere.

Wir wollten aus unserer Anonymität mit der Stubennummer 47 heraus und gaben ihr einen Namen. So wie die Panzerspähwagen einen Namen besaßen wie Rommel, Ravenstein oder Hoth, sollte auch unsere anonyme Stube einen erhalten. Wir kamen auf den Generaloberst Heitz, er war als kommandierender General auf dem Russlandfeldzug mit seinem VIII. Armeecorps im Kessel von Stalingrad eingeschlossen. Er geriet dort in Gefangenschaft. Selbst die Vorgesetzten haben den ausgewählten Namen für unsere Stube gebilligt. Unsere künstlerische Kreativität ging noch weiter: Einzig im Schlafraum gab es noch eine einzige freie Stelle, die nicht mit einem Schrank verstellt war. Hier sollte ich malerisch tätig werden. Ich entschied mich für ein Motiv aus der Zeit Friedrich des Großen. Mit Kreide malte ich einen preußischen Grenadier in Lebensgröße an die freie Wandfläche. Meine Zeichnung wurde dann mit Fixativ haltbar gemacht. Jeder U.v.D., der abends die Stube abnahm, fand dieses Bild großartig.

Gefechtsmäßige Ausbildung

Der Dienst in Sternberg verlief ganz anders als unsere bisherige Ausbildung. Hier stand die Fahrschulausbildung im Vordergrund. Wir wurden mit dem Pz.-Spähwagen in der Theorie bis ins Detail vertraut gemacht. Das Ziel war uns klar vorgegeben. Im Falle eines personellen Verlustes musste jeder in der Lage sein, jede erforderliche Funktion im Pz.-Spähwagen zu übernehmen. Der Unterricht begann im Kennenlernen und Bedienen der 2-cm-Kraftwagenkanone. Diese musste in den Turm des Pz.-Spähwagens gehoben werden, ein Kraftakt, da die Kanone nicht gerade leicht war.

Die spezielle Waffenausbildung wurde im November 1942 von der Funkausbildung abgelöst. Sie stellte ein wichtiges Bindeglied zwischen Kommandostellen und dem Pz.-Spähwagen dar, wenn er zur Feindaufklärung im Einsatz war. Wir machten uns mit den Sendern vertraut und erlernten das Morsealphabet. Schnelles Morsen und Aufnehmen wurde immer wieder trainiert. Unverschlüsselt durfte keine Morsenachricht gesendet werden. Dazu gab es verschiedene Methoden der Verschlüsselung, die wir kennenlernten. In diesem Bereich bildete uns der Gefreite Karl Schwirrlich aus. Im Zivilberuf war er Lehrer, er zeigte wenig Interesse an einer militärischen Laufbahn. Er war bei Schülern und auch bei den vorgesetzten Unteroffizieren sehr beliebt. Auch ich schätzte ihn, wir verbrachten den Dienst und viel unserer Freizeit zusammen. Er hat mir sogar ein paar sehr gute Ski mit Stahlkante besorgt, So war ich nun unabhängig und konnte Gretl in Domeschau besuchen und das Skifahren mit ihr trainieren.

Im Winter 1942/1943 gehörte zum Ausbildungsprogramm auch die gefechtsmäßige Skiausbildung. Wir wurden aufgefordert, aus unserem Urlaub aus der Heimat ein Paar Ski mit zu bringen. Die meisten besaßen einfache Bretter mit primitiver Bindung.

Meine Ski hatte mir ja Karl Schwirrlich bereits besorgt. Das einfache Rutschen auf dem Ski sollten wir in unserer Freizeit selbst üben. Ich hatte immer ein Ziel: Gretl in Domeschau. Mit ihr durchstreifte ich auf den Brettern so oft wie möglich die Winterlandschaft.

Unsere Kompanie reiste ab ins Wintersportgebiet Hochschar im Altvatergebirge. Im Kriegswinter 1943 blieben in diesem Skigebiet die Touristen aus. So konnten wir ungestört die gefechtsmäßigen Skieinsätze trainieren. Von der Unterkunft in der Ramsauer Schule bis hinauf zum Georgsschutzhaus erstreckte sich das Übungsgelände. Die Ausbildung sollte „frontnah" geschehen, dazu gehörte auch die Schneetarnung. Vom weiß angestrichenen Stahlhelm und weißen langärmligen Überhemden reichte die Tarnung bis zur Hüfte, darunter staken wir in den pechschwarzen Uniformhosen.

Frontnahe Skiausbildung im „Tarnanzug"

Jeden Morgen erhielten wir nach dem Appell gruppenweise unsere Marschaufgaben. Dann ging es kreuz und quer durch die Wälder, bergauf und bergab bis zum Dunkelwerden. Einmal mussten wir einen „feindlichen“ Bunker aufreiben und dabei die mitgeführten Waffen benutzen, das war nicht einfach. Bei Abfahrten kam es immer wieder vermehrt zu Stürzen, die meisten blieben ohne ernsthafte Verletzungen. Zum Abschluss der Ausbildung stand eine Nachtwanderung zum Georgsschutzhaus mit Übernachtung im Zelt bevor! Nach dem Abendessen begab sich unser Zug auf Skiern mit umgehängten Gewehr in Richtung Georgsschutzhaus. Einer folgte dem andern in dessen Spur, wieder ging es bergauf und bergab. Obwohl der Mond schien, war der Waldboden nur schwach erhellt. Keiner durfte verloren gehen, an Weggabelungen oder Kreuzungen konnten wir die Spur nur schwer erkennen. Die Gruppe wartete dann jedes mal bis alle wieder beisammen waren. Gegen zwei Uhr kamen endlich die beiden Zelte in Sicht. Sie waren von einer anderen Gruppe unserer Kompanie aufgestellt und außen mit Schnee getarnt worden. Auf dem Boden lagen Decken, und ein kleiner Karbidofen brachte das Zeltinnere auf Null Grad. Wir schnallten die Bretter ab und stellten sie in den Schnee. Durchgeschwitzt wie wir waren, rollte jeder sich in seine Decke ein. Wir blieben komplett angezogen, nicht einmal die Schuhe zogen wir aus. An einen erholsamen Schlaf war nicht zu denken. Zwischen 5 und 6 Uhr wurden wir geweckt, Ski untergeschnallt, Gewehr übergehängt, so ging die Tour zurück zu unserem Quartier in der Schule. Gegen Mittag trafen wir dort ein. Ich fiel todmüde auf mein Strohlager vom Schlaf übermannt.

Eines Tages kam der Befehl, ohne Gewehr und Gepäck zum Georgsschutzhaus hinauf zu fahren und ganz individuell die Abfahrt zu gestalten. Oben angekommen hatten wir eine Sichtweite von weniger als 5 m! Alle drei Minuten wurde einer von uns auf die Abfahrtstrecke geschickt. Je tiefer ich kam, um so weiter konnte ich sehen, bis schließlich der Blick talwärts frei war. Nun hatte ich eine herrliche Abfahrt bis zum Quartier vor mir.

Zum Abschied vom Skilehrgang gab es in der Dorfkneipe von Ramsau einen zünftigen „Skihüttenabend" mit sehr viel Bier. Dieses mussten wir selbst bezahlen. So versoff unser Zug 84,- RM! Am nächsten Tag fuhren wir vom Skilager in Ramsau nach Sternberg in die Kaserne zurück.

Nach Abschluss der theoretischen Ausbildung am Panzerspähwagen kam die Fahrpraxis an die Reihe. Als erstes Ausbildungsobjekt stand uns der LKW „Opel-Blitz" zur Verfügung. Als Vierergruppe angetreten erwarteten wir unseren Fahrlehrer. Er begrüßte uns mit den Worten: „Na, ihr Würstchen wollt bei mir das Fahren erlernen?" Wir standen stramm und antworteten lautstark: „Jawohl, Herr Feldwebel!". Dann hieß es: „Aufsitzen!" und wir kletterten auf die Ladefläche. Mich rief er wieder gleich wieder runter, ich musste als erster hinter das Steuerrad. Ich startete den Motor, trat auf das Kupplungspedal, legte den 2. Gang ein und gab vorsichtig Gas, gleichzeitig ließ ich die Kupplung kommen. Alles tat ich ganz nach seiner Vorschrift. Langsam bewegte ich den LKW zum Kasernentor hinaus und fuhr ihn in Richtung Stadtmitte. Bis jetzt verlief alles bestens. Doch nun erfolgten in schneller Reihenfolge Befehle vom Fahrschullehrer. Nach links, nach rechts, halten, anfahren, rückwärts, vorwärts, überholen. Ich geriet ins Schwitzen. Bei jeder falschen Reaktion bekam ich eine Flut von Schimpfwörtern zu hören. Passanten auf dem Bürgersteig sprangen rasch an die Häuserfront, um nicht durch dummen Zufall von dem Fahrschul-LKW erfasst zu werden. Plötzlich wurde ich angeschrien: „Haaalt!!!", ich erschrak, stoppte augenblicklich den LKW, und würgte den Motor ab. Der Feldwebel tobte: „Haben Sie das Schild nicht gesehen?" Ich antwortete: „Nein". „So, so, so", sagte er nun ganz ruhig, „dann steigen Sie mal ganz schnell aus und bemühen sich mit dem Taschentuch das Verkehrszeichen von Staub und Dreck zu befreien". Ich sprang aus dem LKW, hangelte mich an dem Pfahl hoch und putzte etwas an dem Schild herum. Passanten beobachteten interessiert mein Tun, die jungen Mädchen lachten halblaut. Im LKW sagte der Feldwebel gelassen zu mir: „Sehen Sie, nun werden Sie das Verkehrsschild nicht mehr übersehen". Ich wollte so schnell wie möglich den Ort meiner Schande verlassen, doch der Motor sprang nicht an. Auf Befehl musste ich mit der Kurbel den Motor von draußen anwerfen. Es gelang mir auch, ich sprang in den LKW hinein, verstaute die Kurbel unter den Sitz und betätigte die Kupplung, legte den Gang ein, gab Gas und – schoss mit dem LKW unerwartet einen Meter vor und würgte den Motor ein zweites Mal ab. Der Fahrschullehrer brüllte: „Raus, raus, 15 Runden um den LKW!". Ich sprang raus und trabte los. Der nächste Kandidat saß inzwischen hinter dem Steuer und fuhr an, gab Gas. Ich schaffte die 15 Runden nicht, hetzte hinter dem Fahrzeug her. In angemessenem Abstand hielt er endlich und ich kletterte mit Hilfe der Kameraden auf die Ladefläche. Erschöpft ließ ich mich nieder. Ich hatte meine Lektion gelernt.

Bevor ich die leichten und schweren Pz.-Spähwagen fahren durfte, musste ich noch weitere Fahrstunden absolvieren, Reparaturen am Fahrzeug inbegriffen.

Die letzte Etappe meiner Ausbildung zum Pz.-Spähtruppfahrer fand auf dem Übungsgelände statt. Vorübungen führte der Kompaniechef uns im Sandkasten vor. Im Gelände konnten wir beweisen, wie gut wir das Erlernte beherrschten: Kartenlesen, an Hand der Signaturen sich das Gelände vorstellen, schließlich Feindberührung dort, wo er es nicht vermutet. Ich musste heikle Situationen erkennen und blitzschnelle Entscheidungen treffen.

Die Krönung dieser Ausbildung fand dann auf dem Truppenübungsplatz in Wischau bei Brünn statt.

Wir fuhren mit dem Kompaniefuhrpark mit der Bahn dorthin. Das Ver- und Entladen der Fahrzeuge gehörte zum Ausbildungsprogramm. In Wischau bezogen wir sehr gut eingerichtete Quartiere, diese befanden sich in zweigeschossigen Wohnblöcken.

Der Panzerspähwagen

Die taktischen Übungselemente gestalteten sich auf dem Truppenübungsplatz sehr vielseitig. Fast täglich standen andere Aufgaben im Mittelpunkt der Ausbildung. Das Fahren im Panzer-Spähwagen durch unwegsames Gelände, Nachtfahrten, Schießübungen, Scheingefechte, die sich über zwei Tage hinzogen und Scheinkämpfe in Ortschaften lösten sich gegenseitig ab. Bei einer Gefechtsübung wurde ich von einer Platzpatrone getroffen. Im Ernstfall hätte ich diesen Treffer nicht überlebt. So bekam ich nur die Streuwirkung der umher fliegenden Holz- und Pappsplitter zu spüren. Viele Splitter bohrten sich in meinen Hals und verursachten kleine blutende Wunden. Sofort wurde ein Krad mit Beiwagen gerufen, ich musste aufsitzen und ab ging die Fahrt zur Sanitätsstation. Aus der Übung war ein ein Ernstfall geworden. In der Sanitätsstation kam mir der Stabsarzt aus Storkow entgegen und begrüßte mich freundlich. Wir kannten uns vom Tennisplatz in Storkow, der ganz in der Nähe vom Schützenhaus lag. Dr. Runge entfernte die Splitter, legte mir einen Halsverband um und schrieb mir eine Bescheinigung über die Befreiung vom Truppendienst für mehrere Tage. Ich kam auf dem Übungsplatz nicht mehr zum Einsatz.

Die Ausbildung schlossen wir mit einer technischen und fahrpraktischen Prüfung durch den Kompaniechef ab. Ich bestand dieses Examen und erhielt den Wehrmacht-Führerschein ausgehändigt.

Am 01.04.1943 wurde ich zum Gefreiten befördert.

Im Juli 1943 ging die Ausbildung an der Uffz-Schule in Sternberg zu Ende. Am 28.07.1943 musste ich Sternberg verlassen.

Um Abschied von Gretl und Hilde zu nehmen, begab ich mich mit Heinz nach Domeschau. Dort trennten wir uns, ich ging zu Gretl und er zu Hilde. In die Kaserne wollten wir aber gemeinsam zurück gehen. Bei Pudels verabschiedete ich mich von Frau Pudel und bedankte mich für ihre Gastfreundschaft.

Taktvoll verließ sie die Wohnstube, ließ Gretl mit mir allein. Wir lagen uns sofort in den Armen, wir waren beide traurig, dass der Abschied gekommen war. Sie gab mir einen Talisman mit als Abschiedsgeschenk: ein Taschentuch mit dem eingestickten Namen „Gretl“. Wir versprachen, brieflich in Kontakt zu bleiben. Heinz meldete sich draußen und ich verließ Gretl.

Einsatz an der Ostfront

Versetzung nach Hirschberg

Ich hatte mich für 12 Jahre als Berufssoldat verpflichtet. Nach einem mehrtägigen Urlaub in Storkow musste ich mich bei der Pz.-Aufklärungsabteilung 55 in Hirschberg melden. Mein Freund Heinz Prein kam aus dem Ruhrgebiet zu mir, mit ihm verbrachte ich meine letzten beiden Urlaubstage in Storkow. Gemeinsam fuhren wir nach Hirschberg, um von dort die Verbindung zur Front aufzunehmen.

Der Abschied von meiner Mutter fiel mir schwer. Bei der Ungewissheit über den bevorstehenden Einsatzes, stellte ich mir die Frage, ob ich meine Mutter jemals wiedersehen werde. Dieser Gedanke bewegte mich sehr. Sie weinte, und mir wurde das Herz schwer. Rasch noch ein Foto von Heinz und mir, dann begaben wir uns auf die Fahrt nach Hirschberg.

Der Abschiedsschmerz war schnell vergessen. Wir fühlten uns großartig, ab jetzt fing unser Leben erst richtig an. Wir träumten davon, nichts mehr zu versäumen, wir wollten lebenslustig und draufgängerisch auftreten. Unter dem Motto: „Was kostet die Welt?“ bestiegen wir die Bahn. Im Zug nach Hirschberg setzten wir unser Vorhaben gleich in die Tat um.

Gerd und Heinz in Storkow vor ihrem Fronteinsatz

Wir bändelten mit zwei jungen Frauen an, die, aufgeschlossen wie alte Bekannte, sich willig auf unser Gespräch einließen. Um Mitternacht wurde Heinz ein Jahr älter, die Damen gratulierten hierzu ungehemmt dem Geburtstagskind mit Küsschen und Umarmungen. Ich hatte zwar keinen Geburtstag, doch wurde ich ebenfalls mit Liebkosungen bedacht.

Der Spuk nahm erst ein Ende, als der Zug im Bahnhof Görlitz einfuhr und eine der beiden Damen aussteigen musste. Ihre beiden kleinen Kinder erwarteten sie. Die andere junge Frau, sie kam aus Berlin, taute jetzt allein erst richtig auf. Sie fuhr mit bis nach Hirschberg und wollte weiter ins nächste Dorf zu ihren Verwandten.

Da wir erst um 6 Uhr in der Kaserne sein mussten, verbrachten wir die verbliebenen drei Stunden gemeinsam im Park auf einer Bank. Als es zu regnen begann, wechselten wir rasch die Örtlichkeit und fanden einen trockenen Hausflur. Ein Polizist stöberte uns auf, kontrollierte erst die Papiere, musterte diese kritisch, dann musterte er uns kritisch und marschierte endlich wortlos davon. Wir trennten uns von der Berlinerin um 5 Uhr.

Unser Marsch zur Ostfront →

Der lange Weg zur Ostfront

In der Kaserne war unsere Marschkompanie noch nicht vollzählig. Es vergingen einige Tage, bis sie aufgefüllt und abmarschbereit zur Front abkommandiert wurde. Heinz und ich verbrachten die freien Abende in Hirschberg, suchten die Kneipen auf, um uns zu amüsieren. Der Erfolg im Zug hatte uns ermutigt, neue erotische Abenteuer zu suchen. Wir verdrängten den Gedanken an die Front, vielleicht würde es für uns keine zweite Chance mehr geben. Auf den nächtlichen Streifzügen kamen wir auch an der „Grünen 5" vorbei. Die „Grüne 5" war eine Hausnummer hinter einem grün schimmernden Glaskasten. Dahinter verbarg sich ein Bordell, wie uns gesagt wurde. Heinz lockte die Versuchung, dort einen Besuch zu wagen, ich hingegen hatte nach dieser Örtlichkeit kein Verlangen und so ließ auch er es bleiben.

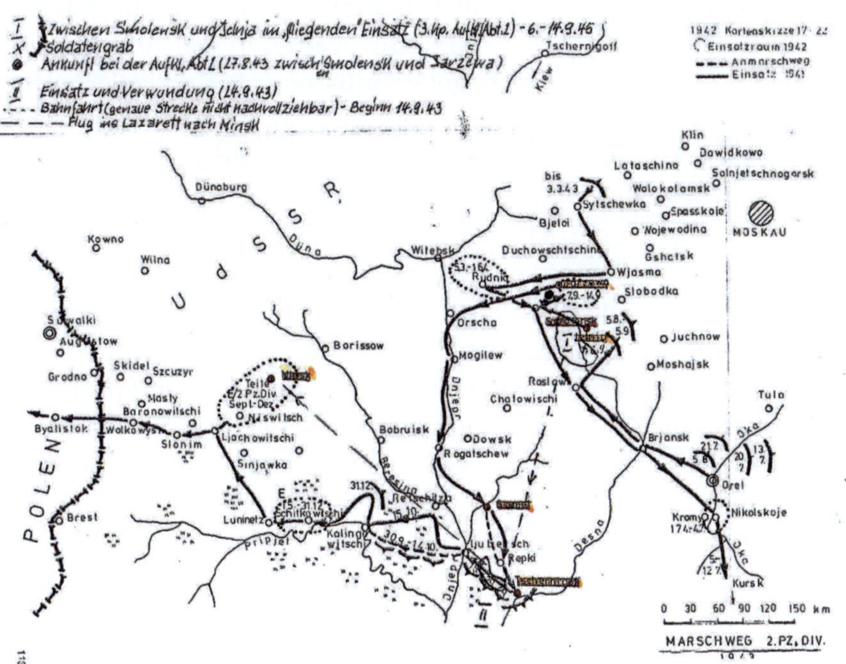

Am selben Tag bestiegen wir einen Zug mit umgerüsteten Viehwaggons für Mannschaftstransporte. Die Stimmung in unserem Waggon war unbekümmert und zuversichtlich. Nach zwei Tagen hatten wir Warschau und Brest-Litowsk passiert. Jetzt befanden wir uns auf russischem Boden. Mir fielen am Rande der Strecke die Soldatengräber auf. Es wurde uns gesagt, dass jetzt mit Partisanenbeschuss zu rechnen sei.

Am 27.08.1943 schrieb ich meinen Eltern, dass ich nun in der Nähe von Smolensk wäre und immer noch weiter ostwärts fahre. Es ging nur schleppend voran. Standen wir auf einem Nebengleis im Stationsbereich, waren sofort russische Jungen, höchstens 14-jährig, zur Stelle und bettelten uns nach Brot und Zigaretten an. Sie putzten dafür auch die Schuhe oder bestahlen uns, wenn wir nicht aufpassten.

In Kardymow hielt der Zug. Wir verließen ihn mit unserem Handgepäck. Waffen führten wir nicht mit. Die fünf Nächte im Zug hatten wir mehr wach als schlafend verbracht. Nun ging es zu Fuß weiter. Wir erhielten die Einweisung, in welche Richtung wir uns zu unserer Einheit begeben müssen. Als Kennzeichen für uns war die Neptungabel auf einem kleinen Holztäfelchen angegeben. Es war das Divisionszeichen der 2. Panzerdivision. Wir kamen an einer Etappenkantine vorbei, sie war leer. Nur ein Soldat spielte auf einem Klavier völlig im Spiel vertieft ein klassisches Stück. Er bemerkte uns nicht, wir verließen ihn ungestört.

Nun irrten wir zwischen Kardymow und Jarzewa auf sandigen, ausgefahrenen Wegen umher. Manchmal las uns ein LKW auf, beladen mit Munitionskisten. Wir näherten uns der Front und hörten Artillerie- und Maschinengewehrfeuer. Vor uns lag eine kahle Anhöhe. Wir hatten sie kaum erklommen, um nach unseren Wegweisern Ausschau zu halten, da wurden wir mit Artilleriegeschossen empfangen. Sie krepierten ganz in unserer Nähe. Die Russen hatten uns entdeckt, wir warfen uns zu Boden und zogen uns schleunigst zurück. Ein Kamerad war von einem Granatsplitter am Oberarm getroffen. Wir marschierten bis zu einer Weggabelung zurück, fanden unser Neptunzeichen wieder und folgten ihm. Es dauerte noch eine Weile bis wir endlich den Tross der Panzer-Aufklärungsabteilung 2 im Ortsdreieck Kardymow, Jarzewa und Jelnja erreichten. Wir wurden sofort auf die verschiedenen Kompanien aufgeteilt. Mit Heinz kam ich zur 3. Kompanie, wir sollten die Gefechtsausfälle in der Kompanie ergänzen. Naiv und front unerfahren hatte ich gehofft, meiner Ausbildung entsprechend zur 1. Panzer-Spähkompanie zu kommen. Dort aber waren keine Ausfälle zu verzeichnen. Meine diesbezügliche Bitte fand kein Gehör, ich musste mich fügen. So begann das Frontleben für mich gleich mit einer argen Enttäuschung. Über den militärischen Ernst der Lage hatte ich nicht nachgedacht, Widerspruch wurde nicht geduldet, auch das musste ich erst lernen.

Die 3. Kompanie war ursprünglich eine Kompanie aus Kradschützen. Es gab nur noch wenige Kräder, dafür leichte Schützenpanzerwagen. In der berüchtigten Panzerschlacht „Operation Zitadelle" im Kursker Bogen kämpfte auch die 2. Panzerdivision mit ihrer Aufklärungs-Abteilung. Es gab erhebliche Verluste an Menschen und Material. Wir waren als Ersatz für die gefallenen oder verwundeten Kameraden an der Front vorgesehen. Unter den Soldaten herrschte in der Aufklärungsabteilung eine bedrückte Stimmung. Wir blieben beim Gefechtstross 1 der 3. Kompanie und warteten auf die leichten Schützenpanzerwagen, die kommen sollten. Das gefiel uns gar nicht, wir hatten keine Ausbildung erhalten als Panzergrenadiere in einer Aufklärungs-Abteilung.

Der Gefechtstross 1 befand sich dicht hinter der Front und versorgte vielfach die Kampftruppe. Die Aufklärungsabteilung war motorisiert und schnell einsatzfähig, Sie wurde öfter dort eingesetzt, wo sich Schwachstellen an der Front auftaten. Der Gefechtstross musste unverzüglich mit der Feldküche, einigen LKW's und anderen Versorgungsfahrzeugen folgen. Die größte Gefahr stellten für uns im Tross die russischen Flieger dar. Es verging kein Tag, an dem sie nicht irgendwo am Himmel auftauchten. Die meisten der russischen Bomber waren amerikanischer Herkunft. Einmal hatte unser Tross einen schmalen Fluss zu überqueren. Die Pioniere bauten in aller Eile eine hölzerne Brücke. Die Fahrzeuge stauten sich auf beiden Uferseiten. Die baumlose Überfahrt gab keine Deckung. Die Fahrzeuge boten den feindlichen Bombern gute Angriffsziele. Diese waren auch bald am wolkenlosen Himmel sichtbar, und sie näherten sich in rasendem Tempo. Sofort entfernten sich unsere Fahrzeuge in alle Richtungen, um den feindlichen Flugzeugen eine möglichst geringe Angriffsfläche zu bieten. Eine Flak besaßen wir hier nicht, wir fühlten uns wie Freiwild den russischen Fliegern ausgeliefert. Doch wir hatten Glück. Die kleine russische Flugzeugformation flog ohne Bombenabwurf über uns hinweg ins Hinterland. Weitere Zwischenfälle gab es bei der Flussüberfahrt nicht mehr. Nachts verhielt sich unser Tross gut getarnt bewegungslos im Versteck. Gegen Mitternacht kreiste regelmäßig ein einzelner langsam fliegender Doppeldecker über uns. Wegen seines Motorklanges nannten wir ihn „Nähmaschine". Um seine Abwurfziele zu finden, ließ der Pilot kleine Leuchtkugeln an Fallschirmen aus dem Flugzeug gleiten. Hatte er ein Objekt erspäht, warf er seine Bombenlast ab, die oft nur aus Granatwerfermunition oder Eierhandgranaten bestand. In einigen Nächten verursachte diese „Nähmaschine" erhebliche Schäden an Fahrzeugen und Personen. Sie war gefürchtet. Fast jede Nacht wachte ich durch das bekannte Motorengeräusch auf. Jedes mal überfiel mich dabei eine gewisse Unruhe. Ich lag wehrlos in meinem Zelt und lauschte dem Geräusch der explodierenden kleinen Bomben. Bei einer Nachtwache kreiste ein solcher

Doppeldecker im Tiefflug über mir und ließ seine Leuchtkugeln schweben. Es sah aus, als würde ein Christbaum auf die Erde fallen. Trotz romantischer Gedanken bedeutete der hell erleuchtete Himmel eine bevorstehende Gefahr. Plötzlich fielen die Bomben, ich hörte die Einschläge und zuckte heftig zusammen. 200 m vor unserem Versteck verlief eine Straße, dort bewegte sich eine Einheit vorwärts. Der Pilot entdeckte das sich bewegende Objekt und warf seine Bomben ab. Wie ich am Morgen erfuhr, hatte diese Einheit erhebliche Verluste erlitten.

Nach drei Wochen ununterbrochener Vorwärtsbewegung in Richtung Front gab es die erste Rast.

Am 12.09.1943 kamen wir in ein Waldgebiet, wo die Kompanie für einige Tage Rast einlegte. In der Nähe floss die Desna, sie mündete irgendwo in den Dnepr. Hier bekamen wir auch die Gelegenheit, Wäsche zu waschen und Körperpflege zu betreiben. An meine Mutter schrieb ich in einem langen Brief, dass ich nach 4 Tagen endlich die Uniform ausziehen, mich waschen und rasieren konnte. An solchen ruhigen Tagen wurde auch einmal Marketenderware angeboten. Ich kaufte mir einen Rasierapparat und eine Pfeife. Tabak gab es genug und ich gewöhnte mir das Pfeife rauchen an. Die Ruhetage waren ausgefüllt mit ständig wechselnden Arbeiten. Ich gurtete Maschinengewehrmunition, holte Wasser für die Feldküche oder baute „Donnerbalken" für alle.

Von der Feldküche fuhr täglich ein Kradfahrer mit Essenskübel im Beiwagen zur kämpfenden Truppe. Eines Tages brachte er einen gefallenen Obergefreiten mit zurück. An einer sandigen Weggabelung standen bereits zwei Holzkreuze für gefallene deutsche Soldaten, dort sollte auch der Obergefreite von unserem Tross beigesetzt werden. Ein Oberfeldwebel, ein Unteroffizier und ich wurden dafür eingeteilt. Der Unteroffizier lud sich den Gefallenen auf den Rücken, mit Spaten und Zeltbahn marschierten wir drei zu den beiden Gräbern. Der Oberfeldwebel suchte die Grabstelle aus, ich fing an zu schaufeln, die anderen beiden entfernten sich. Beim Graben musste ich immer wieder zu dem toten Kameraden sehen. Die Gedanken kreisten wirr in meinem Kopf: Wo ist er her, wer wird um ihn trauern? Nun muss ich ihm hier fern der Heimat sein Grab schaufeln. Wird mich ein ähnliches Schicksal erwarten? Noch in Gedanken versunken standen die beiden anderen wieder neben mir. Der Oberfeldwebel brachte ein kleines Brett mit, und der Unteroffizier trug zwei starke Birkenäste. Der Oberfeldwebel nahm die persönlichen Gegenstände des Gefallenen an sich, darunter ein Foto von seiner Frau und zwei kleinen Kindern, einige Papiere und die Erkennungsmarke, die er halbierte. Die eine Hälfte verblieb beim Toten. Ich schaufelte das Grab zu, das Birkenholzkreuz stand da mit dem Namensschildchen und wir drei schauten in Gedanken versunken schweigend auf die Gräber. Bevor ich zum Tross zurück kehrte, legte ich noch ein paar Feldblumen auf das Grab. Ich werde nicht vergessen, dass ich damals einen Familienvater und Obergefreiten in Rußlands Erde, etwa 40 km südwestlich von Jelnja, unweit der Desna an einer sandigen Wegkreuzung zu Grabe tragen half.

Nach einem erneuten Standortwechsel ließ ich mich auf einer Munitionskiste nieder und schrieb Briefe. Über mir flogen in großer Höhe vereinzelt Flugzeuge hinweg. Ich schaute schon gar nicht mehr hin, so sehr war ich in meine Schreibarbeit vertieft. Auf einmal flatterten um mich herum Flugblätter in großer Anzahl und fielen zu Boden. Sie waren alle schwarz, weiß, rot umrandet. Ich hob eins auf und las einen Aufruf an uns Soldaten! Auf dem Zettel war zu lesen, dass Hitler Deutschland in den Untergang führt. Der Krieg wäre verloren und die Soldaten wurden aufgefordert, überzulaufen. Unterzeichnet war der Aufruf von Offizieren, die in russische Gefangenschaft geraten waren und nun dem Nationalkomitee „Freies Deutschland" angehörten. Da mich bis dahin noch keiner über dieses Komitee aufgeklärt hatte, betrachtete ich die Flugblätter als billige Feindpropaganda und warf den aufgehobene Zettel fort.

Hingegen wandte ich meine Aufmerksamkeit einem anderen Problem zu, das mich mehr beschäftigte: das Essen aus der Feldküche. Ich war zu einer Wiener Einheit beordert worden, und hier gab es nur drei Nicht-Wiener: ein Hamburger, ein Rheinländer und ich als Berliner. Der Koch war aus Wien und seine Küche dementsprechend ausgerichtet. Mir war noch nie bewusst geworden, was sich aus Nudeln und anderen Teigwaren für verschiedenartiges Essen zubereiten ließen. Die sonst übliche Erbsensuppe gab es nur ganz selten. Ich aber vermisste die preußische Kartoffel. Kamen wir bei einem Stellungswechsel an einem Dorf vorbei und sichteten Kartoffeläcker, eilte ich flugs dorthin und buddelte mir welche aus. Hatten wir uns an dem neuen Standort eingerichtet, holte ich meine Kartoffeln hervor. Als Pimpf hatte ich gelernt, wie man im Freien eine Kochstelle aufbaut. Damals hatte ich noch nicht den tieferen Sinn erfasst, für mich als Pimpf waren zu der Zeit die Zeltlager, Nachtwanderungen und Geländespiele reine Abenteuer. Heute kochte ich mir mit dem von damals Erlernten vor der Front meine Pellkartoffeln, aß sie abends mit großem Appetit zu dem aufgeschwemmten Käse. Er war eine besondere Käseart, die es ab und zu gab. Uns wurde ein Esslöffel voll Käsepulver ins Kochgeschirr getan und wir schwemmten dieses mit Wasser auf. Nahm ich zu viel Wasser, quoll die Käsemasse über. Dieser Käse war nicht besonders im Geschmack, aber zusammen mit meinen Pellkartoffeln füllte er den Magen.

Eines Tages wurden einige aus unserer Einheit an die vorderste Front abkommandiert. Sie bekamen drei neue leichte Schützenpanzerwagen, die gerade eingetroffen waren. Die Besatzungen wurden zusammen gestellt. Ich kam als MG-Schütze zu Uffz Hartig. Er begrüßte mich mit Handschlag, und wir nannten unsere

Namen. Wir fanden uns sofort sympathisch. Er kam aus Wien, verheiratet, zwei Kinder und Holzhändler von Beruf. Nach kurzem Austausch solcher Informationen nahmen wir unsere Plätze ein und fuhren los in Richtung vorderste Linie zur Kampftruppe.

An der Front zwischen Jelnja und Tschernikow, September 1943

Unser Weg führte zur Kampftruppe der 3. Kompanie der Pz.-Aufkl.-Abt. 2. Dort bestätigte sich, was ich bereits im Tross erfahren hatte: die 2. Pz.-Div. zog sich nach großen Verlusten von der Panzerschlacht bei Kursk zurück. Die Operation „Zitadelle" war vorerst gescheitert, und wir besaßen keine Fronterfahrung, konnten nicht die gedrückte Stimmung mildern, die sich in der Aufkl.-Abt breit gemacht hatte. Wir konnten genau so wenig die Sollstärke der Kompanie auffüllen. Auf russischer Seite verlief die Schlacht noch verlustreicher an Menschen und Material, doch sie verfügten über eine unerschöpfliche Reserve an Soldaten, Waffen und Panzern. Der Rückzugsbefehl für die 2. Pz.-Div. lief auf die Bildung neuer Stellungsschwerpunkte hinaus, um ein rasches Nachrücken der Russen zu erschweren. Die neu gebildete Hauptfrontlinie blieb an vielen Stellen lückenhaft, ein Schwachpunkt, den die Russen auszunutzen versuchten.

Um dem vorzubeugen, wurde die 2. Pz.-Div. als „Feuerwehr" eingesetzt, das hieß, die Panzer wurden dorthin befohlen, wo ein Durchbruch der Russen bevorstand. Nach dieser strategischen Taktik war jetzt auch unsere 3. Komp. der Aufkl.-Abt. vom 06.-14.9.1943 im Raum zwischen Smolensk und Jelnja im „fliegenden" Einsatz unterwegs. Mit unserem Schützenpanzerwagen fuhren wir langsam auf einem breiten Forstweg durch ein Waldgebiet und hielten nach Partisanen Ausschau. Auf einmal schlugen in die Panzerung Gewehrgeschosse ein. Wir gingen sofort hinter dem Panzer in Deckung, Unteroffizier Hartig befahl den Rückzug, er meldete die Anwesenheit der Partisanen im Wald.

Wir umfuhren dieses Gebiet und setzten den Weg zur Front fort. Wir gelangten einmal zu einer Anhöhe, mit freiem Einblick. Wir fuhren vorsichtig zum Kamm hinauf und entdeckten in 4 km Entfernung einen Wald, in dem sich Russen aufhalten sollten. Bis zur Kammhöhe robbten wir uns vor, bis wir Einsicht in den Waldrand bekamen. Dort schufen wir uns Schützenmulden und tarnten uns. Plötzlich kam ein Vierrad-Panzerspähwagen in rasendem Tempo vom Waldrand über die freie Fläche angejagt und verschwand in die seitlich von uns liegende hügelige Landschaft. Dabei wurde aus dem Wald mehrfach auf ihn aus einer russischen Pak geschossen. Er blieb unbeschädigt. Wir konnten von unserem Standort aus keine Feindbewegung erkennen. Hatten sich die Russen zurück gezogen oder waren sie nur gut getarnt? Wir traten den Rückweg zur Truppe an und fuhren neuen Einsatzpunkten entgegen.

Am 14.09.1943 erreichten wir eine Bahnstation, wo ein Güterzug für den Weitertransport von Material und Menschen bereit stand. Wir kamen in den letzten vier geschlossenen Waggons unter. Es sprach sich schnell herum, dass die stark dezimierte 2. Panzer-Division sich vom Feind etappenweise absetzen wird und dann den Marschbefehl nach Nordfrankreich erhalten soll.

Der Zug rollte in südwestliche Richtung, das Ziel war uns noch unbekannt. Ging es einem neuen Frontabschnitt entgegen, oder…? Die 2. Panzer-Division wurde doch stets dort eingesetzt, wo es brenzlig war.

Immer noch war ich untröstlich, dass ich als Pz.-Grenadier eingesetzt war. Meinem Freund Heinz erging es ebenso. Wir unternahmen einen zweiten Versuch, diese Situation zu unserem Gunsten zu ändern. Gemeinsam verfassten wir einen Brief an unseren Sternberger Kompaniechef und baten ihn, entsprechend unserer Ausbildung, um die Versetzung in eine Spähkompanie. Die Antwort ließ auf sich warten.

Die Bahnfahrt wurde durch einen schweren Unfall unterbrochen. Auf der eingleisigen Strecke prallte ein uns folgender Zug ohne abzubremsen auf den letzten Waggon. Die Lokomotive des Unfallverursachers schob zwei offene Güterwaggons, beladen mit Feldsteinen, vor sich her. Die drei hinteren Waggons unseres Zuges wurden infolge des Aufpralls hochgehoben und zusammengedrückt. Sie verkeilten sich und Holz splitterte. Ich saß im 4. Waggon, der unmittelbar an die vorderen mit den Transportgütern angekoppelt war. Ich hatte Glück, dieser Waggon wurde nur aus dem Gleisbett gehoben und blieb sonst unversehrt. Ich erlitt Prellungen und Abschürfungen, die Kameraden im letzten Waggon kamen nicht so glimpflich davon. Die Aufräumarbeiten dauerten lange bis in den folgenden Tag hinein. Dann setzte der Lokführer den Zug langsam in Bewegung und es ging weiter – ohne unsere geschlossenen Mannschaftswaggons.

Auf der gesamten Strecke bis Tschernikow gab es keinen feindlichen Beschuss. Ich hatte Zeit für meine Tagebuchaufzeichnungen und für meine Briefe.

Beim letzten Halt luden wir die leichten Schützenpanzerwagen ab, wir befanden uns zwischen Gomel und Tschernikow. In einem Dorf kamen wir an einer Panzer-Abteilungunserer Division vorbei. Wir fuhren weiter und bezogen in einem anderen Dorf Nachtquartier. Ich kam zu einem Nachtspähtrupp, der erkunden sollte, ob am jenseitigen Rande eines Feldes Feindberührung besteht. Wir schlichen vorsichtig durch hüfthohes Gras. Kurz vor dem Feldrand gab es Geräusche, wie beim Gebrauch von Kochgeschirr. Dann hörte man auch russische Befehle. Wir schlichen zurück, der Auftrag war erfüllt. Wir lagen den Russen unmittelbar gegenüber, eine gefechtsmäßige Begegnung gab es nicht. Am anderen Morgen fuhren wir weiter.

Ein Motorschaden machte sich bemerkbar. Wir mussten zur Reparatur zum I-Trupp fahren. Dieser befand sich dicht vor der Front. In einem Bauernhaus warteten wir das Ende der Reparatur ab.

In diesem russischen Blockhaus ließ ich mich total erschöpft auf einem Strohlager nieder. Meine Uniform hatte ich tagelang auf dem Leib getragen, sie klebte förmlich an mir. Mich überkam auf dem Lager ein Wohlbehagen, dass ich sofort einschlief.

Um 3,30 Uhr wurde ich aus dem Schlaf gerissen. Ich war ungehalten, schlaftrunken kam ein Fluch wegen der Störung über meine Lippen. Die anderen Kameraden und ich eilten nach draußen. Ich schüttelte mich und fror, doch die Kälte machte mich munter. Es hieß, zum Angriff fertig machen. Rasch zog ich den Mantel über und machte die MPi schussbereit. Panzer standen mit Besatzung und laufenden Motoren bereit, wir saßen auf und die Fahrt ging los. In mir machte sich ein Gefühl von Unbehagen breit, das bald wieder verschwand. Höchste Konzentration war jetzt gefordert.

Es hieß, die Russen haben das Nachbardorf erreicht, wir sollten sie aufhalten und zurückdrängen. Die zehn Panzer verließen das Dorf, Panzersoldaten ohne Panzer sollten als Infanteristen kämpfen. Im Morgengrauen fuhren wir über eine weite Ackerfläche. In der Ferne zeichnete sich die Silhouette eines Dorfes ab: unser Angriffsziel! Die Panzer fächerten sich breit auf und nahmen gemächlich ihre Angriffsstellung ein. Es fiel kein Schuss. Über Funk kam der Befehl an die Panzerführer, das Dorf einzunehmen. Die Turmluken öffneten sich, wir wurden über das Angriffsvorhaben informiert, die Turmluken schlossen sich und die Panzer setzten sich in Bewegung. Bis auf Schussnähe herangekommen, schossen plötzlich alle Panzer auf einmal in das Dorf hinein. Bei jedem Schuss glaubte ich, mein Trommelfell würde platzen. Unwahrscheinlich laut erschien mir der Mündungsknall so unmittelbar vor mir. Häuser gingen in Flammen auf, senkrecht aufsteigendes Feuer erhellte die Gegend, Holzteile flogen durch die Luft und dicke Qualmwolken waberten auf und ab. Die morgendliche Kälte in mir spürte ich plötzlich nicht mehr. Der bevorstehende Kampf erhitzte mich, meine Nerven waren zum Zerreißen gespannt. Wir näherten uns den ersten brennenden Häusern. Die Rauchschwaden nebelten uns ein, wir saßen ab, begleiteten den Panzer nach links und rechts absichernd ins Dorf. Überall knackte und krachte es, knisterten und zischten die Flammen. Kein Russe war zu sehen, kein Schuss fiel. Wir durchquerten das Dorf, hinterließen brennende Häuser und chaotische Zerstörung. Wieder lag vor uns eine weite größere Fläche, die durchquert werden musste.

Am Horizont wurde ein Laubwaldstreifen sichtbar, dahinter vermuteten wir Häuser. Aus dem Turm heraus sah ich vor den Bäumen Russen hantieren, sie schienen Gräben auszuheben. Der MG-Schütze versuchte, sie aus dem fahrenden Panzer unter Feuer zu nehmen. Die Geschosse flogen über ihre Köpfe hinweg. Das Pfeifen der Geschossgarben schien sie anscheinend nicht zu beeindrucken, sie arbeiteten ruhig weiter. Als der Schütze gezielter die Geschosse abfeuerte, warfen sie sich schnell zu Boden, standen in den Feuerpausen augenblicklich auf und arbeiteten weiter. Der Panzer hielt, wir gingen hinter dem Turm in Deckung, die Kanone wurde abgefeuert. Die Turmluke öffnete sich und der Fahrer machte uns auf einen vor uns liegenden Graben aufmerksam. Wir vier hinter dem Turm verständigten uns kurz, ich hatte eine Position in der Mitte, sicherte nach links mit der MPi, zurrte den Stahlhelm fester. Der Panzer näherte sich langsam dem Graben.

Mein Blick nach links gerichtet, die MPi kampfbereit fest in der Hand, hörte ich plötzlich einen lauten ohrenbetäubenden Knall. Im selben Moment verspürte ich einen so harten Schlag gegen meinen Kopf, dass ich hinter dem Panzerturm zusammen sackte. Ich schloss die Augen, sah nichts mehr, verharrte bewegungslos einen Augenblick. Dann befühlte ich mit meinen Händen das Gesicht und spürte das warme Blut rinnen. Die Kameraden neben mir schrien laut nach einem Sanitäter, sie mussten schwer verwundet worden sein. Ich konnte nur leise stöhnen. Im Gedröhn des Motors und den Hilferufen der verletzten Kameraden hörte ich die befehlende Stimme des Panzerführers. Sie forderte uns auf: „Liegen bleiben, Panzer fährt rückwärts". Ich lag mit geschlossenen Augen, hilflos zusammengekauert auf dem Panzer. Meine Waffe war mir längst entglitten, ich klammerte mich irgendwie am Panzer fest, um nicht herunter zu fallen. Die Kanone deckte den Rückzug. Bei jedem Schuss zuckte ich angstvoll zitternd zusammen. Dann kam der Panzer zum Stehen und ich hörte meinen Vornamen rufen. Es war mein Freund Heinz Prein, der mir zurief: „Gerd, rutsche hinten runter, ich halte dich fest!". Ich folgte der Aufforderung, spürte die helfenden Hände meines Freundes. Er hakte mich unter und führte mich vom Panzer fort.

Der Weg schien mir unendlich lang, rings herum detonierten russische Artilleriegeschosse. Schlugen diese zu dicht neben uns auf, krümmte ich mich und bewegte mich schneller vorwärts. Ich wollte nur weg vom Kampfplatz, in Sicherheit sein. Ich hatte Angst. Heinz zog mich plötzlich nieder. Er nahm mir den Stahlhelm ab und ich versuchte, mir das Blut aus dem Gesicht zu wischen. Die verklebten Augenlider öffnete ich mit den Fingern. Das linke Auge bekam ich frei, und ich konnte sehen! Wir saßen in einer Mulde, die am Rand mit niedrigem Laubgehölz bewachsen war, und ich fühlte mich augenblicklich sicher. Heinz sah mir die Freude an, die aus meinem linken halb geöffneten Auge strahlte. Und dann erzählte er mir, was geschehen war: Ein beherzter Russe kam urplötzlich mit einer Panzerbüchse aus dem Graben gesprungen und feuerte sie ab. Das Geschoss traf die

Waffenblende am Panzer und Geschosssplitter flogen über den Turm hinweg, trafen unsere Köpfe. Ich hatte nach links gesichert und hatte den Stahlhelm auf, der die Splitterwirkung abfing. Meinen Nachbarn hatte es arg erwischt. Er schaute gerade über den Turm und bekam die Geschosssplitter in sein Gesicht. Heinz befand sich auf dem Panzer neben uns, hatte alles mit angesehen. Er kam sofort rüber, um 1. Hilfe zu leisten. Nachdem er seinen Bericht beendet hatte, besah ich mir meinen durchlöcherten Stahlhelm, meinen Lebensretter, legte ihn neben mir nieder, wo ich ihn liegen ließ, nur eine symbolische Geste des heutigen Tages. In Gedanken versunken rekapitulierte ich die Ereignisse der letzten Stunden:

Um 3 Uhr 30 erhielt ich den Befehl zu meinem ersten Kampfeinsatz. Inmitten einer Division von 10 Panzern, hinter dem Rohr in schützender Deckung, ich fühlte mich sicher. Ich erlebte, wie die Panzerschützen ein kleines Dorf dem Erdboden gleichmachten, sah, wie unsere Panzer breit gefächert die Felder aufwühlten, sah in der Ferne russische Soldaten, die unbeeindruckt von unserem Beschuss weiter schaufelten. Der Panzerfahrer machte uns auf einen Graben vor uns aufmerksam, wir sicherten ganz nach Vorschrift unsere Formation ab. Und dann kam dieser entsetzliche Knall, der mich zu Boden sinken ließ, ausgelöst von der Panzerbüchse eines einzigen beherzten Soldaten, der nur seine Heimat vor uns verteidigen wollte. Blut rann mir langsam durch die Finger, und ich hörte meine Kameraden schreien vor Schmerz.

Nach einer kleinen Pause ging Heinz mit mir weiter zum nächsten Verbandsplatz. Schmerzen fühlte ich nicht, meine Hand bedeckte das rechten Auge. Heinz übergab mich am Verbandsplatz einem Sanitäter, der mich zum Operationszelt führte. Ein Arzt wusch das geronnene Blut vom Gesicht und aus den Augen. Mein Blick wurde links klar. Die Diagnose lautete: drei Granatsplitter im rechten Schläfenbereich, rechtes Auge in Gefahr. Mein

Kopf bekam einen Verband über das rechte Auge und Ohr. Ich verließ das Zelt und gesellte mich zu den Verwundeten, die auf den Abtransport ins Lazarett warteten.

Die Sonne schien so freundlich und erwärmte mich. Gern hätte ich jetzt mit Gretl Pudel so auf einer grünen Wiese gesessen, unverwundet und ohne Uniform, ich hatte doch mein ganzes Leben noch vor mir! Dösend, halb schlafend saß ich da und stützte meinen Kopf mit den Händen. Die Nerven fingen an, sich zu beruhigen. Heinz Prein erschien, er brachte mir mein Handgepäck. Ich dankte ihm, blieb aber sitzen, vermied jede unnötige Bewegung. Er hockte sich vor mich hin und suchte nach Worten des Trostes. Mit einem kräftigen Händedruck verabschiedeten wir uns.

Vom Tod verschont

Im Feldlazarett bei Minsk

Die fast unheimliche Stille um mich wurde plötzlich vom Geräusch eines Flugzeuges unterbrochen, das gleich darauf unmittelbar neben uns landete. Es war eine Ju 52, die für die Truppe Nachschub brachte. Rasch entluden die Kameraden den Transportflieger und ein Sanitäter führte uns zur Rampe. So schnell wie möglich stiegen alle ein. Wir erfuhren, dass wir nach Minsk flogen. Ich lehnte mich mit dem Rücken an die Bordwand, Sitze gab es nicht in dem Transporter. Das Flugzeug startete und so verließ ich in den Nachmittagsstunden die Stätte meiner Verwundung.

In Minsk wartete bereits ein Sanka auf uns. Ich wurde in ein Feldlazarett gefahren. Hier entfernte ein Sanitäter den Notverband und Ärzte begutachteten die Verletzung. Dann erhielt ich einen neuen Verband. Mein rechtes Auge war durch einen Granatsplitter verletzt worden, der Augapfel und die Iris reagierten nicht mehr. Möglicherweise befinden sich noch mehr Splitter im Kopf. Aus diesem Grund hat der Chefarzt angewiesen, mich in ein Heimatlazarett zu überweisen.

Ein Sanitäter führte mich in das Krankenzimmer, ich erhielt ein richtiges, weiß bezogenes Bett. Nach den turbulenten Tagen an der Front befand ich mich in einem Trancezustand. Ich konnte gerade noch die Uniform ablegen und mich ins Bett begeben. Ich schlief bis in den späten Vormittag hinein. Die Sonne schien ins Zimmer. Mein Kopf war schwer, den Verband fand ich lästig, doch ich wagte nicht, mich zu bewegen. Ich könnte mir ja Schmerzen zufügen. So blieb ich lange Zeit regungslos liegen und dachte an meine Verwundung:

Heute früh erhielt ich um 3,30 Uhr den Befehl zum Fronteinsatz. Am Nachmittag saß ich bereits in einer Ju 52 auf dem Luftweg ins Lazarett nach Minsk. Werde ich auf dem rechten Auge blind, wird man mir die Granatsplitter entfernen, was wird mit mir weiter geschehen? Plötzlich fiel mir auf, wie klar und deutlich ich über das Geschehene nachzudenken vermochte! Die Erinnerung war da, demzufolge konnte der Verband nur einer äußerlichen Verletzung gelten, Schmerzen hatte ich auch keine.

Mein Lebensmut kehrte zurück, ich musste jetzt ausprobieren, wieweit ich mich bewegen kann. Vorsichtig hob ich den Kopf an, stützte mich mit den Ellbogen ab, drehte langsam den Kopf nach links und rechts, alles blieb schmerzfrei. Ich war beruhigt und legte mich behutsam wieder nieder. Ich döste vor mich hin, verfiel in einen angenehmen Halbschlaf, aus dem ich durch einen Sanitäter geweckt wurde, er brachte das Essen. Ich war über die Störung verärgert, hatte keinen Hunger. Widerstrebend folgte ich seiner Aufforderung zu essen. Ich setzte mich und stellte überrascht fest, wie schnell das gerade gegangen war! Augenblicklich frohlockte ich, da keinerlei Schmerzen zu spüren waren. Nun wandte ich mich doch mit Wohlbehagen dem Essen zu.

Mehrere Tage verbrachte ich in Minsk im Lazarett. Meine Verletzung wurde nur versorgt, nicht behandelt. Der Augenmuskel war gelähmt, das hatte eine Schiefstellung des rechten Auges zur Folge. Aber ich konnte aufstehen und sogar draußen herum laufen.

Das Reservelazarett in Lötzen

Anfang Oktober wurde ich nach Lötzen/Ostpreußen verlegt. Im diesem Reservelazarett gab es eine Augenabteilung, dort kam ich zur stationären Aufnahme. Hier wurde ebenfalls nichts unternommen, um die Splitter zu entfernen. Die Augenoperation wollte man lieber einem Spezialisten überlassen, den es hier auch nicht gab.

Wieder hatte ich ein paar Tage Aufenthalt und wartete auf die nächste Verlegung. Zumindest gab es eine Abwechslung, wer wollte, durfte auf den Acker bei der Kartoffelernte helfen. Ich war dabei. Am Abend erhielt ich vom Chefarzt das Verwundetenabzeichen in „Schwarz" mit Besitzurkunde überreicht. „Schwarz" stand für einmalige Verwundung.

Nach Augsburg ins Augenlazarett

Am 16.10.1943 stand ein Lazarettzug bereit, er brachte mich quer durch Deutschland bis nach Augsburg. In meinem Waggon war ich der einzige, der an einem Tisch Platz nehmen konnte, alle anderen waren frisch operiert oder hatten eine Amputation hinter sich. Das Rucken des Zuges verursachte den Verwundeten heftige Schmerzen, sie stöhnten laut auf und riefen nach dem Sanitäter. Das bedrückte mich, weil ich nicht helfen konnte. Die Sanitäter eilten von Waggon zu Waggon und reichten den Verwundeten Getränke, mehr konnten sie auch nicht tun. Nach langer Fahrt hielt der Zug öfter an kleinen Bahnstationen, Verwundete wurden in bereit stehende Sankas getragen.

So ging die Fahrt langsam weiter durch Thüringen, Franken und Bayern bis ich in Augsburg ankam. Ein Sanka nahm mich auf und brachte mich in eine Augsburger Augenklinik.

Augsburger Augenklinik in der Adalbertschule

Das Augenlazarett war in der „Adalbertschule“ eingerichtet, aus den Klassenräumen wurden Krankenzimmer. Mich nahm gleich eine Schwester in Nonnentracht in Empfang, sie entfernte den Kopfverband und stellte mich dem Chefarzt vor. Dieser untersuchte eingehend mein Auge. Seine Diagnose: Sehnerv und Augenmuskulatur des rechten Auges verletzt. Durch Augenmuskellähmung extreme Schielstellung des Auges, keine Augapfelbewegung, Pupillenstillstand. Röntgenaufnahmen zur Feststellung der Granatsplitter im Kopf erforderlich. Brille notwendig, links Fensterglas, rechts Mattscheibe. Nach der Untersuchung führte mich eine Schwester, ebenfalls in Nonnentracht, in einen Klassenraum, hier standen 15 Betten. Ich bekam das freie Bett am Fenster. Den Verband benötigte ich nun nicht mehr. Ich hatte auch keine Bettruhe verordnet bekommen, so konnte ich mich frei bewegen und sogar in die Stadt gehen.

Mir fielen die Nonnen auf, die im Lazarett tätig waren. Augsburg ist überwiegend katholisch ausgerichtet, dementsprechend lag die seelsorgerische Betreuung in den Händen von Nonnen. Kam ein katholischer Verwundeter, so wurde er aufgefordert, um 6 Uhr zur Frühmesse zu kommen. Diese wurde in der Schule unter dem Dach abgehalten. Wer dieser Aufforderung nach kam, erhielt sein Frühstück von der Oberin persönlich ans Bett gebracht. Wir anderen bekamen die Schwarzbrotschnitten und eine Schüssel mit Marmelade auf den Gemeinschaftstisch gestellt und jeder musste sich selbst bedienen.

Das Lazarett erhielt für die Genesenden Theaterfreikarten. Ich entschloss mich, mir die Oper „Carmen" von Bizet anzusehen. Ich saß mit mehreren Soldaten in Frontuniform in vorderster Reihe, auffallend waren die vielen Damen in ihren vornehmen Theatergarderoben. Wie konnte man sich im Kriegsjahr 43 noch so ausstaffieren? Während des letzten Aktes bekam ich plötzlich heftige Schmerzen im rechten Augenbereich. Ich legte meine Hand auf das Auge, so war der Schmerz erträglich. Wieder zurück im Lazarett stellte mein Bettnachbar fest, dass sich mein Augapfel wieder bewegte! Sofort lief ich zum Spiegel und tatsächlich, der verletzte Muskel arbeitete wieder. Wie froh und glücklich war ich darüber.

Bei einer Visite erfuhr ich, dass ein kleiner Granatsplitter hinten im Nasenbereich sitzen soll und zwei weitere im Schläfenbereich. An eine Operation wurde erst mal nicht gedacht. Sie wurden beobachtet, ob sie sich verkapseln.

Ein zweites Verwundetenabzeichen mit Besitzzeugnis wurde mir überreicht, diesmal in Silber. Die Verwundung wurde als „schwere Verwundung" eingestuft.

Das Essen im Lazarett war gut und reichlich. Trotzdem schickte meine Mutter aus Sorge, ich könnte Hunger leiden, mir regelmäßig Päckchen mit Keksen. Doch einmal schickte sie mir den Storkower Lokalanzeiger mit. Es waren zwei Todesanzeigen inseriert. Horst Daniel, Obergefreiter in einer Panzeraufklärungsabteilung, starb mit 21 Jahren am 04.09.1943 im Osten den Heldentod, und Pg. Herbert Pietrek, Grenadier, gab sein junges Leben für Führer und Vaterland. Er ruht auf einem Heldenfriedhof in fremder Erde. Als ich sie las, standen mir die Tränen in den Augen, Horst war mein bester Freund aus der Storkower Nachbarschaft. Wir pflegten gemeinsam den Tennisplatz, spielten gegeneinander Tennis und ruderten oft auf den Storkower See hinaus. Wie viele Freunde werde ich nicht mehr wiedersehen? Meine eigene Verwundung hat mich ernüchtert, ich fing an, über den Sinn des Krieges zu grübeln.

Dann wieder kamen Jungmädels und Pimpfe ins Lazarett, spielten Sketche und die Kinder sangen ihre Pimpfen-Wanderlieder, sie waren im 5. Kriegsjahr genau so begeistert wie ich damals als Pimpf. Die Kinder überreichten uns kleine Geschenke, liebevoll verpackt, voller Begeisterung, sie sahen in uns ihr Vorbild, dem es nach zu eifern galt. Ein hübsches kleines Mädchen kam zu mir und überreichte mir ein Päckchen. Als ich dieses öffnete kam ein kleiner runder Kuchen zum Vorschein. Ich freute mich so sehr, dass ich am liebsten hinterher gelaufen wäre, um ihr zu danken und in die Arme zu schließen.

Mein Lazarettaufenthalt in Augsburg dauerte an. Für die Unterhaltung der genesenden Soldaten wurde viel getan. So lud die Augsburger Frauenschaft die nicht bettlägrigen Soldaten zu einem fröhlichen Beisammensein in die Turnhalle ein. Sie servierten uns Muckefuck und Kekse. Auffallend war, dass auch viel junge Frauen in unserem Alter anwesend waren. Ich wurde einer der Damen vorgestellt. Von ihrer Mutter erhielt ich eine Einladung, die ich auch annahm. Es blieb bei dieser einen Einladung, ihre Anschrift hatte ich mir notiert, für alle Fälle.

Eines nachts spürte ich ein unangenehmes lästiges Kribbeln. Dann, im Nachthemd fand ich die kleinen Übeltäter - Läuse. Sofort alarmierte ich eine Nonne, die herbei geeilt kam. Kurz und bündig befahl sie uns, was wir zu tun hatten: ausziehen, ins Bad, baden und duschen. Die Nonne bemühte sich noch, mir die Schamhaare abzurasieren, bevor sie mich mit Desinfektionspuder von oben bis unten einpuderte. Bettwäsche, Bekleidung, Handtuch alles kam zur Desinfektion. Wir erhielten neue Bettwäsche und neue Nachthemden. Die Prozedur war erfolgreich, keine Laus verirrte sich mehr zu uns.

Die Augsburger Frauenschaft lud alle Verwundeten zu einer Weihnachtsfeier in die Turnhalle ein. Unterstützung gab es von der Stadtverwaltung. Die Frauen servierten uns Kaffee, auf den Tischen standen Teller mit Weihnachtsgebäck. Sogar einen bunt geschmückten Weihnachtsbaum konnten wir bewundern. Die Frauen musizierten und sangen, wer konnte, sang mit. Es gab auch Geschenke, ich erhielt von der NSDAP- Kreisleitung das Buch „Der König - Friedrich der Große in Briefen, Berichten und Anekdoten".

Mein schönstes Weihnachtsgeschenk war ein Kurzurlaub nach Hause über Weihnachten. Den Heiligabend verbrachte ich mit meiner Mutter und meinem Bruder. Der Vater hatte keinen Urlaub bekommen.

Die Ausbildung geht weiter

Abkommandiert zur Ersatztruppe nach Wien

Kurz vor Silvester eröffnete mir der Chefarzt, dass keine Heilung meines Auges zu erwarten sei und er mich als „Garnisionsverwendungsfähig“ entlassen wird. Mir wurde noch ein Urlaub vom 03.01. bis 28.01.1944 gewährt, dann bekam ich einen Marschbefehl nach Wien zum Ersatztruppenteil der Pz.-Aufkl.-Abt. 2. Dort hatte ich mich am 02.02.1944 zu melden.

In meinem Urlaub fuhr ich nach Storkow. Dort schmiedete ich meine Pläne für die Zukunft. Ich sollte mich in Wien bei der Ersatztruppe melden. Ich jedoch plante, meine Fahrt über Sternberg zu nehmen. Dort wartete Gretl Pudel auf mich. Außerdem war ein Besuch in meiner ehemaligen Späh-Kompanie vorgesehen. Ohne den „Ersatzhaufen“ in Wien zu kennen, glaubte ich an eine sinnvolle militärische Aufstiegschance in Sternberg, wo ich gefordert werde und Anerkennung erhalte.

Mit solchen Zukunftsplänen traf ich am 29.01.1944 bei Gretl ein. Ich durfte bei ihr wohnen. Während sie tagsüber ihrer Arbeit in der Sparkasse nachging, fuhr ich zur Kaserne. Dort trug ich meine Bitte um Versetzung von Wien nach Sternberg vor. Der Kompanie-Chef, Hauptmann Schönborn, versprach, mich anzufordern. Ich war überglücklich, und auch Gretl strahlte: „Dann sehen wir uns ja bald wieder!“

Etliche Dinge ließ ich bei Gretl zurück und fuhr nach Wien. Nur das Notwendigste, sowie meine Bücher und das Schreibzeug nahm ich mit.

Die Wiener Bahnhofshalle sah unendlich trostlos aus, überall Schmutz und Papier. Eine alte Straßenbahn wackelte und quietschte auf dem Weg zur Rennwegkaserne. Die Wache am Kaserneneingang verwies mich zur Genesenden-Kompanie.

Von dort wurde ich in die Mannschaftsstube gewiesen. Die Stube schien vor einiger Zeit fluchtartig verlassen worden zu sein. Überall Schmutz, die Schränke offen und unsauber, mit verschimmelten Brotresten, die Doppelstockbetten mit dürftig gestopften Strohsäcken, nicht bezogen. Die Tischplatte habe ich säubern müssen, bevor ich mich zum Schreiben niederließ. Ich war enttäuscht, die gesamte Kaserne machte einen ziemlich verwahrlosten Eindruck. Da über längere Zeit nichts geschah, versuchte ich mich, häuslich einzurichten. Ich fand die Kleiderkammer und bekam, was ich brauchte. Auch erhielt ich vom Furier Kaltverpflegung. So war ich für das Erste mit allem versorgt und konnte mich „häuslich" niederlassen. Ich kam mir sehr verlassen vor. In einem Gebäude fand ich endlich einen Aufenthaltsraum für alle Kompaniezugehörigen. Einige Soldaten saßen an Tischen und schrieben. Im Flur hing der Dienstplan für die nächsten Tage. Für Morgen waren Schießübungen mit dem Karabiner auf dem Schießstand angesetzt. Dieser befand sich auf einer Anhöhe etwas abseits vom Stadtkern. Die Soldaten begaben sich ganz individuell zum Schießstand. Ich wählte die Straßenbahn. Auf dem Weg dorthin fuhr die Tram am Prater vorbei. In der obersten Gondel vom Riesenrad befand sich eine Flugwache, das war für mich ein beeindruckender Anblick. Auf dem Schießplatz wurde ich aufgefordert, links zu schießen, das ging erstaunlich gut.

Am 07.02.1944 wurde ich zum Arzt bestellt. Wollte er mich etwa k.v. schreiben? Doch der Arzt teilte mir mit, dass er mich für einen „Adolf-Hitler-Freiplatz" vorgesehen hat. Das hieß, 14 Tage Genesungsurlaub in Baden bei Wien. Beginn am 08.02.1944.

Im Hotel Mariazellerhof erhielt ich ein Einzelzimmer, ich kam mir wie im Paradies vor. Sauberes Zimmer, saubere Betten und Möbel, schlafen so lange ich wollte, das Frühstück kam auf's Zimmer, Schwefelbäder, Spaziergänge usw.. Eines Tages erhielt ich Besuch einer Dame der NSV. Sie übergab mir ein Päckchen

Tabak, zwei Flaschen Wein und 21,- RM. Die 14 Tage Genesungsurlaub habe ich trotz Matsch und Regen herrlich verbracht, ganz ohne Fliegeralarm. Ich besuchte bis zum Schluss viele kulturelle Veranstaltungen.

In der Rennweg-Kaserne erhielt ich nach meiner Rückkehr gleich einen Urlaubsschein vom 22.02. bis zum 10.03.1944 ausgehändigt. Ich fragte nicht warum und weshalb, sondern bin gleich zum Bahnhof und mit dem nächsten Fronturlauberzug nach Berlin und weiter bis Storkow gefahren. In Adlershof gab es den ersten Fliegeralarm auf der Fahrt. Rasch aussteigen, den nächsten Erdbunker aufsuchen und schon hörten wir die Flakbatterien und Motorengeräusche, gleich darauf detonierten auch bereits die Bomben. Neben mir saß weinend und zitternd eine junge Mutter mit ihrem Kind im Arm. Andere wirkten apathisch, wie abgestumpft, sie saßen nicht zum ersten mal im Luftschutzkeller. Ich war erschüttert, die Szenen werde ich so schnell nicht vergessen.

Auch in Storkow waren überall die Kriegseinwirkungen zu sehen und zu spüren. Dies alles bedrückte mich und ließ keine richtige Urlaubsfreude aufkommen. Während eines Fliegeralarms verließ ich am 08.03.1944 Storkow und fuhr über Berlin und Sternberg zurück nach Wien. In Berlin waren Gleisbette zerstört, ich lief streckenweise zu Fuß mit meinem Gepäck entlang der zerbombten Gleise bis ich einen Zug erreichte, mit dem ich weiter zum Fernbahnhof fuhr. Ein Urlauberzug stand nach Breslau bereit, nach mehrmaligem Umsteigen kam ich mit erheblicher Verspätung in Sternberg an. Ich eilte zu meiner Späh-Kompanie, vergewisserte mich, dass meine Versetzung von Wien noch aktuell ist. Erleichtert setzte ich die Fahrt nach Wien fort. Wieder fühlte ich in der Rennweg-Kaserne eine unerträgliche Langeweile. Film und Besuche bei Freunden war die einzige Abwechslung in der Freizeit.

Als Ausbilder in Sternberg

Der ersehnte Brief mit meiner Anforderung aus Sternberg traf endlich am 20.03.1944 ein. Am selben Tag fuhr ich mit einem Fronturlauberzug in Richtung Sternberg ab. Nach genau 24 Stunden hatte ich mein Ziel erreicht, ich war in Sternberg angekommen.

In der Kaserne wurde ich bereits erwartet. Der Spieß verkündete mir, dass ich als Gruppenführer der 1. Gruppe im 3. Zug eingesetzt bin. Nach dieser Mitteilung zog ich in die Mannschaftsstube der 1. Gruppe ein, hatte dort ein Einzelbett ohne Bettnachbarn. Ein Privileg, das ich zu schätzen wusste. Gleichzeitig war ich mir der Verantwortung bewusst, die ich gegenüber den Schülern und gleichzeitig meinen eigenen Vorgesetzten zu tragen hatte. Vor 1 ½ Jahren befand ich mich selbst noch in der Ausbildung, wurde geschliffen, angebrüllt, bestraft und hatte auch meine Erfolgserlebnisse. Ich nahm mir vor, meinen Schülern gegenüber gerecht zu sein und ihnen mit der gebührenden Achtung zu begegnen. Das war nicht immer leicht für mich. Die 9 jungen Männer der Gruppe kannten sich seit Wochen und waren zu einer guten Gemeinschaft heran gewachsen. Sie waren nicht älter als ich.

Der Kompaniechef beauftragte mich, die Ausbildung am MG und an der 2 cm-Kanone fort zu setzen. Neben der Ausbildung meiner Schüler übertrug mir der Kompaniechef Aufgaben, die bereits für die Ranghöhe eines Unteroffiziers vorgesehen waren, eine Auszeichnung für mich. Ein Auftrag ging mir besonders nahe. Im Flur stand ein großer polierter Gedenkstein, gestiftet von einer Kroatin. Ihr Mann, Rittmeister Aicher, war ehemaliger Kompaniechef. Der Stein kam aus ihrer Heimat und trug die Namen mit Geburts- und Sterbedatum gefallener ehemaligen Uffz-Schüler der Spähkompanie, mit Foto und mit Angabe des letzten Dienstranges. Nun musste ich laufend die Ergänzungen vornehmen. Es war erschreckend, die vielen Meldungen von den Gefallenen aus der Kompanie entgegen zu nehmen. Ich dachte daran, dass auch ich einst Schüler dieser Spähkompanie war. Hauptmann Aicher nahm mir damals die Fahrprüfung ab. Ich kam mit meinem 1. Fronteinsatz vergleichsweise glimpflich davon. Ich wurde verletzt und hätte dabei fast das Augenlicht verloren, aber ich blieb am Leben!

Vier Wochen versah ich nun meinen Dienst als Ausbilder und erfüllte Einzeldienste, die mir übertragen wurden.

Am 16.05.1944 trat die Kompanie zu einer Gefechtsübung an. Hauptmann Schönborn war anwesend und verlieh mir das EK II.

Aus der Verleihungsurkunde ging hervor, dass die Verleihung von meiner Feldeinheit, der 3. Komp. der PZ.-Aufkl.-Abt. 2. ausging. Das Tragen des EK an der Uniform war Pflicht, zumal es das Ansehen sowohl bei den Vorgesetzten als auch bei den mir untergebenen Uffz.-Schülern steigerte.

IM NAMEN DES FÜHRERS
UND OBERSTEN BEFEHLSHABERS
DER WEHRMACHT
VERLEIHE ICH
DEM

Gefreiten Gerhard T s c h e c h n e
3.Kompanie Panzer-Aufklärungs-Abteilung
2

DAS

EISERNE KREUZ
2. KLASSE

München, 3. April 1944

Der Stellv. Kommandierende General
und Befehlshaber im Wehrkreis VII.

Stellv. Generalkommando VII. A.K.
(DIENSTSIEGEL)
(W. Kdo. VII)

General der Infanterie
(DIENSTGRAD UND DIENSTSTELLUNG)

Ich erhielt das Eiserne Kreuz 2. Klasse

Beförderung zum Unteroffizier

Zur allgemeinen Verwunderung stand eines Tages wieder Hauptmann Schönborn vorn beim Appell, und der Spieß machte Meldung. Ohne lange Umschweife rief mich der Hauptmann zu sich. Ich baute mich in strammer Haltung vor ihm auf, und er ernannte mich mit lauter Stimme zum Unteroffizier. Ein kräftiger Händedruck besiegelte die Beförderung, und ich machte eine zackige Kehrtwendung zurück zu meiner Gruppe. Hauptmann Schönborn rief mir nach: „Unteroffizier Tschechne, Sie gehören jetzt zu den Unteroffizieren und müssen dort mit antreten." Ich brüllte freudig zurück: „Zu Befehl, Herr Hauptmann!" und marschierte zu den angetretenen Unteroffizieren. Ich ließ die sichtbaren Zeichen meiner Beförderung auf die Uniform nähen, dann zog ich in die Stube für Unteroffiziere ein. Mit meinem Stubennachbarn, Uffz. Richard Reinartz verband mich bald eine enge Freundschaft, sie hielt bis zu seinem Tode am 11.11.1995.

Hauptmann Schönborn beorderte mich am 13.07.1944 zu einem Lehrgang nach Potsdam. Dieser sollte am 17.07.1944 beginnen. Ich fuhr nach Potsdam und erfuhr dort, dass der Lehrgang abgesagt wurde. Ein Grund wurde mir nicht genannt. Drei Tage später erfolgte am 20.07.1944 das Attentat auf Hitler. In der Kompanie besaßen wir weder ein Radio noch bekamen wir eine Zeitung, die Nachricht wurde uns mündlich übermittelt. Täter, Ursache, Ort und Ausmaß des Attentates erfuhren wir nicht, nur dass Hitler unverletzt überlebt hat. Wir sahen die Angelegenheit gelassen, da wir keine weiteren Informationen erhielten, auch nicht über die Folgen für die Attentäter.

In der Uffz.-Schule arbeitete ein Politoffizier, Oberleutnant der Infanterie. Dieser strebte für Hitler eine Sympathiekundgebung an. Er unterbreitete dem Hauptmann Schönborn seine Veranstaltungsvorschläge für seine Idee. Schönborn ließ ihn gewähren. Am

Vorabend zu dieser Veranstaltung kam der Politoffizier mit einem dicken Buch unter dem Arm zu mir, geschickt von Hauptmann Schönborn. An der Uniform des Politoffiziers prangte das EK I, am Ärmel waren vier weiße Balken, schwarz umrandet aufgenäht mit dem Panzer-Symbol. Es war die Auszeichnung für vier abgeschossene feindliche Panzer. Er erläuterte mir, wie er die Veranstaltung durchzuführen gedachte. Er wollte einen Vortrag über das verwerfliche Attentat halten und ich sollte, auf ein Zeichen von ihm, Abschnitte aus dem Buch vorlesen, die er markiert hatte. Er überließ mir das Buch, es war Hitlers Werk „Mein Kampf". Am darauffolgenden Abend hielt der Politoffizier seinen Vortrag, ich saß neben ihm und las auf ein Zeichen hin die angezeigte Stelle im Buch laut vor. Ich sah die ganze Kompanie vor mir, konnte aber keinen Offizier entdecken. Zu gern hätte ich deren Meinung über das Attentat erfahren, aber sie haben sich nie dazu geäußert.

Nach dem Attentat sollte der „Deutsche Gruß" auch in der Wehrmacht eingeführt werden, als sichtbares Zeichen von unbedingter Treue zu Adolf Hitler. Daran hat sich aber niemand gehalten, es wurde weiterhin mit militärischem Gruß salutiert.

Auf dem Truppenübungsplatz in Milowitz bei Prag stand das Scharfschießen auf dem Ausbildungsplan. Kurz vor dem Rückmarsch zur Kaserne kam ein Feldwebel zu mir und bestellte mir Grüße von Major Bäcker. Seine Frau hatte ich in Storkow auf dem Tennisplatz kennen gelernt. Der Major hätte mich gern in seiner Fahnenjunkerschule gesehen, diese befand sich in Milowitz. Die Entscheidung hierüber fällte, wie so oft in dieser Zeit, das Schicksal. Major Bäcker wurde Oberst, später Kommandeur der 561. Volks.-Gre.-Div. Er fiel 1944 im Kampf um Ostpreußen.

Auf Empfehlung von Hauptmann Schönborn hat mich der Major Geder als Befehlsempfänger beim OKH für die Uffz.-Schule nach Potsdam beordert. Pünktlich am nächsten Tag kam ich mit dem erhaltenen Befehl zurück. Zu gern hätte ich Näheres über den Befehl erfahren, leider wurde ich über seinen Inhalt nicht informiert.

Als Unteroffizier hatte ich auch Dienst als Nachtwache. Einmal erhielt ich von der Streife die Meldung, dass unser Oberleutnant Schirrbrand bewusstlos in der Grünanlage unseres Bereiches liegt. Ich setzte mir den Stahlhelm auf, informierte meinen Stellvertreter, dieser versah weiter den Wachdienst, und ich eilte mit der Streife zum bewusstlosen Oberleutnant. Und tatsächlich, der Oberleutnant Schirrbrand lag noch immer regungslos auf dem Rasen. Die Ursache für seinen hilflosen Zustand stellte sehr schnell am Geruch fest: offensichtlich lag vor mir ein stockbetrunkener Oberleutnant und schlief seinen Rausch aus. Ich befahl der Streife, seinen Rundgang fortzusetzen. Als sie außer Sicht war, versuchte ich vergeblich den Schläfer wach zu rütteln. Es blieb mir nichts anderes übrig, als ihn unter die Achseln zu fassen und bis zu seiner Wohnung zu schleifen. Dabei hinterließ ich eine deutlich sichtbare Spur auf dem Kiesweg. Seine Wohnung lag im 1. Stock, direkt über unserer Kompanieschreibstube. Ich zerrte den Schlafenden bis zu seiner Wohnungstür und wollte ihn in eine etwas würdigere Position an die Wand setzten. Doch glitt er stets in seine Schlafposition auf den Boden zurück. Ich klopfte mehrmals laut an die Wohnungstür, es meldete sich eine Frauenstimme. Ich nannte meinen Namen und dass ich den Oberleutnant Schirrbrand bringe. Sofort öffnete sich die Tür und die blonde Telefonistin aus der Vermittlung stand in einem blauen Morgenrock vor mir. Sie half mir, den Betrunkenen in die Wohnung und dann ins Bett zu bringen. Notdürftig entkleideten wir den Herrn, die Stiefel mussten wir ihm anlassen. Bei dieser Schwerstarbeit klaffte der blaue Morgenrock auseinander, da weder Knöpfe noch ein Gürtel ihn verschlossen haben. In ihrer Nacktheit kam sie mir ziemlich nahe, Sie wollte mit mir noch seine Hosen ausziehen, das lehnte ich mit der Begründung ab, dass ich mich nicht länger von meiner Wachstube entfernen dürfte. Dieses Erlebnis um Mitternacht beschäftigte mich für den Rest meiner Dienstzeit bis zur Wachablösung. Dabei wurde ich den Gedanken nicht los, dass ich mich mit der Blondine immer so nett am Telefon unterhalten habe. Und nun so ein Erlebnis!

Meine erste Schulung als Ausbilder von neun Schülern ging am 12.08.1944 zu Ende. Natürlich feierten alle dieses Ereignis mit einer Abschiedsfeier, wie ich sich noch von meiner eigenen Schulung in Erinnerung hatte. Auch ich wurde mit ein paar satirischen Versen auf's Korn genommen. Nach meiner Beförderung schob ich „einen ruhigen Otto", hieß es in der Abschiedszeitung, weil ich als Gefreiter Privilegien wie ein Unteroffizier bekam. Diese Einschätzung hat mich schon etwas gekränkt, außerdem stand meine Beförderung tatsächlich außer Frage. Einige Tage später erhielt ich Karten und Briefe von meinen ehemaligen Uffz.-Schülern. Dieser Post konnte ich entnehmen, dass meine Schüler gern an die Ausbildungszeit mit mir zurück denken und sie mich doch gemocht haben. Über diese Zugeständnisse habe ich mich sehr gefreut.

Danach bekam ich eine zweite Gruppe von 9 Uffz.-Schüler zur Ausbildung zugeteilt. Der Plan enthielt über die Grundausbildung hinaus erweiterte Aufgaben. Am MG-Schießstand gab es einen ausrangierten Panzer, den T 34. Jetzt diente er uns als Schulungsobjekt. Auch hatten wir in der Ausbildung eine der Front ähnlichen Situation zu simulieren. Hierfür zogen wir für acht Tage in den Wald auf der Hohen Raute. Wir sprengten Bunker in den Fels und bauten uns ein echtes Stellungssystem auf. Jetzt wurde auch mit scharfer Munition geschossen. Die Bunker wurden noch erweitert, hierzu mussten wir erneut Sprengladungen in der richtigen Position anbringen. Bei einer dieser Sprengungen kam ein Schüler aus meiner Gruppe zu Tode. Seine Beisetzung fand mit allen militärischen Ehrungen von unserem Zug statt. Seine Eltern waren zugegen, als sich der Zug zum Sternberger Friedhof begab. Hier fand der Uffz.-Schüler seine letzte Ruhestätte.

Vorgemerkt für einen Fahnenjunker-Lehrgang

Eines Tages musste ich bei unserem Major Geder erscheinen. Ich traf dort Feldwebel und Unteroffiziere aus anderen Kompanien an. Wir alle sind zu Offz.-Anwärtern vorgeschlagen worden. Der Major zeigte uns den Weg auf, der vor uns liegen würde bis zum Offizier: Zwei Monate Frontbewährung, danach 4 Monate Fahnenjunker-Lehrgang und drei Monate Oberfahnenjunker-Lehrgang. Dann erfolgt die Beförderung zum Leutnant. Der Major forderte von jedem Einzelnen die Zustimmung ein. Ich sagte zu. Die Schulung sollte aber erst dann beginnen, wenn für uns in der Kaserne ein Ersatzmann zur Verfügung steht. Der Dienst ging mit unverminderter Härte für mich weiter, ich musste warten bis ein Ersatzmann da war.

In der Freizeit war mir jede Abwechslung willkommen. Der Oberfeldwebel Willberg forderte uns Unteroffiziere auf, am 25.08.1944 zum Kegelabend in die Stadt zu kommen. Auf der Kegelbahn vom Schützenhaus meines Großvaters in Storkow habe ich oft und gern gekegelt. Deshalb freute ich mich sehr auf diesen Kegelabend. Insgesamt hatten sich 15 Mann angemeldet, so konnten wir in 3 Gruppen die Besten unter uns „auskegeln". Der Abend war urgemütlich, es floss reichlich Bier und Schnaps und um 23 Uhr ging es zurück in die Kaserne. Nur nicht für den Unteroffizier Weiß und für mich. Er bat mich, mitzukommen zu einer Französin, die ihm sehr gefiel. Er schilderte mir seine Eroberung so vorteilhaft, dass ich neugierig wurde und ihn begleitete. Er hatte mir aber verschwiegen, dass die Französin kriegsverpflichtet bei einer jungen Frau mit zwei Kindern einquartiert war.

Die junge Mutti empfing uns im Bademantel. Vom Alkohol beflügelt führten wir lockere und anzügliche Gespräche mit den Damen am Tisch. Um 6 Uhr mussten wir in der Kaserne sein, es war also noch etwas Zeit für ein Schläfchen. Ich stellte vorsichtshalber den Wecker. Wir lagen kaum in unseren bzw. ihren Betten, als die beiden Damen nackt zu uns stiegen. Ich musste an die beiden Kinder im Nebenzimmer und an meine Gretl denken. Das Ergebnis war für meine Bettnachbarin sehr enttäuschend und sie verließ mich bald. Als im Nebenbett Ruhe einkehrte schlief ich sofort ein. Der Wecker klingelte uns wach. Ohne Abschied zu nehmen eilten wir in die Kaserne und trafen gerade rechtzeitig zum Frühappell ein. Der Dienst lief für uns am Vormittag wie gewohnt ab. Niemand stellte eine Frage zu unserer Abwesenheit, und es fielen auch keine anzüglichen Bemerkungen.

Doch an einem Herbsttag leistete ich mir mit meiner Gruppe eine kleine Erholungspause. Mit dem leichten Panzerspähwagen ging es raus in die Berge. Dabei sollten wir uns gefechtsmäßig von Ort zu Ort fortbewegen. Die Sonne schien, die Luft war mild, das Laub zeigte sich in den herrlichsten bunten Farben und die Panzer wurden immer langsamer. Wir durchfuhren idyllische Täler und hübsche Dörfer. Dann bemerkte ich, dass ich keine Anweisungen mehr gab, sogar an landschaftlich schönen Stellen halten ließ, ich sog die friedliche Herbststimmung ein, wollte nicht an Krieg und Zerstörung denken. Ich machte die Besatzung auf die Schönheit dieser Landschaft aufmerksam, so genossen wir gemeinsam die einzigartige Natur um uns herum.

Die Abende nach Dienstschluss verbrachte ich meist allein in meiner Uffz-Stube. Wenn der Lärm im Kompaniebereich ruhiger wurde und ich meine Vorbereitungen für den nächsten Schultag beendet hatte begann mein autodidaktisches Studium. Ich hatte mir Lehrhefte für Deutsch und Biologie mitgebracht. Diese gab es in der Schriftenreihe „Wege zur Reifeprüfung“.

Der Deutsch-Band fesselte mich dermaßen, dass ich die Zeit vergaß und meine Korrespondenz und die Tagebuchaufzeichnungen zu ergänzten vergaß.

Mittlerweile waren Bilder des Krieges auch in Sternberg angekommen. Sie gaben mir Rätsel auf. Es geschah am 29. September 1944, Unsere Kompanie machte sich gerade zum Antreten auf dem Appellplatz fertig, als eine Gruppe von etwa 20 russischen Gefangenen auf der Straße daher kam. Sie wurden von zwei älteren Landsern mit schussbereiten Gewehren bewacht. Die Russen schleppten sich gebeugt vorwärts. Jeden Augenblick schien einer hinfallen zu wollen. Ihr Anblick war erschreckend, ausgezehrt und zerlumpt, ihre Uniformen hielten einige mit Stricken oder Riemen an ihrem Leib fest. An den Füßen trugen sie Holzgaloschen. Plötzlich bückte sich einer und hob einen zertretenen Zigarettenstummel auf. Er ließ ihn rasch in seine Manteltasche verschwinden.

Jemand von uns wollte wissen, dass sie nur äußerst dürftig verpflegt werden. In diesem körperlichen Zustand können sie unmöglich Arbeiten verrichten, nahm ich an. Selten wurde ihr Anblick so der Öffentlichkeit preisgegeben, sie wurden zum Duschen geführt. Im Gegensatz zu den russischen Gefangenen kommen regelmäßig einmal in der Woche die englischen Inhaftierten denselben Weg entlang, sie werden ebenfalls zum Duschen begleitet. Das Gewehr tragen die Bewacher geschultert. Die Engländer sehen adrett aus in ihren eng anliegenden Uniformen. Sie tragen eine auffallend große Stoffblume an ihrem Uniformrock. Sie machen einen gesunden und munteren Eindruck auf uns. Sie unterhalten sich lebhaft, lachen. Ich vermute sogar über uns. Sie leiden keinen Hunger, sie bekommen Pakete über das Rote Kreuz aus ihrer Heimat. Ich konnte mich auch davon überzeugen, dass sie in ihrem Lager Ball spielten und ihre Baracken von gepflegten Rasenflächen umgeben waren. Ich habe auch erfahren, dass die Engländer zu Arbeiten in kleineren Erzbergwerken eingesetzt waren. Dieser Kontrast in der unterschiedliche Behandlung hatte mich nachdenklich gestimmt.

Für mich ganz überraschend wurde ich doch noch abkommandiert zum Offz.-Nachwuchs-Lehrgang nach Hirschberg. Ich hatte die Hoffnung fast verloren. Zum Abschiednehmen blieb nicht viel Zeit. Am 15.11.1944 verließ ich Sternberg und fuhr nach Hirschberg in die Arras-Kaserne.

Der Nachwuchs-Lehrgang diente hauptsächlich der Überprüfung, ob wir geeignet wären für die Offizierslaufbahn. Ich hatte mich mit 7 weiteren Kameraden höheren Dienstgrades in der Mannschaftsstube eingerichtet. Ich war der Jüngste von ihnen. Der Dienstplan für den nächsten Tag sah vor, dass wir uns mit Schreibutensilien früh im Gemeinschaftsraum einzufinden haben. Wir merkten sofort, dieser Dienst verläuft anders als bisher. Kein Drill, kein Antreten, keine Appelle, keine Befehlsausgabe, keine Stubenkontrolle.

Der Leiter des Lehrganges war der Oberleutnant Oldenburg. Seiner Uniform nach Artillerist ohne Kriegsauszeichnungen. Als erstes ließ er jeden von uns den Lebenslauf aufschreiben.

In den nächsten Tagen verlangte er von uns weitere Ausarbeitungen über Themen, die er uns vorgab. Die Texte mussten am nächsten Tag vor Dienstbeginn abgegeben werden. Dabei ging es um Militärgeschichte, Literatur und Politik. Er überprüfte unser Allgemeinwissen mit ähnlich klingenden Wortpaaren, die wir schriftlich erläutern sollten, beispielsweise konvex-konkav oder Psychologie-Physiologie, Hygiene und Hyäne. So beschäftigte er uns ein paar Stunden lang. Wir haben weder die Arbeiten zurück erhalten noch einen Kommentar dazu gehört. Diese Art, uns stets im Ungewissen zu lassen, gefiel uns überhaupt nicht. Mir war er in seiner Arroganz sehr unsympathisch.

Die nächste Lektion, die wir erhielten, trug er in einem Referat vor. Anschließend sollten wir darüber diskutieren. Ich fand es widerlich, wie sich einige Teilnehmer bei dem Oberleutnant Oldenburg liebedienerten und sich ständig zu Wort meldeten. Sie wollten mit ihrem Wissen protzen. Ich musste aufpassen, dass ich nicht in den Hintergrund gedrängt werde und meldete mich ebenfalls öfter zu Wort. Meine beiden Oberfeldwebel aus Sternberg sahen die Sache ziemlich gelassen und antworteten nur, wenn sie aufgefordert wurden.

Die nächste Ausbildungseinheit fand im Gelände statt. Wir wurden aufgefordert, eine angenommene feindliche Stellung infanteristisch zu bekämpfen. Dazu begaben wir uns auf einen Hügel, um das „Schlachtfeld" zu überblicken. Oberleutnant Oldenburg ließ sich von einigen ihre taktischen Erwägungen erläutern. Auch ich wurde aufgefordert, meine Vorstellung vorzutragen. Meine Angriffstaktik hat der Oberleutnant als unbrauchbar verworfen. Er ließ mich nicht einmal meine taktischen Schritte erläutern, was mich ärgerte, ich handle doch nicht unüberlegt! Es hätte nicht viel gefehlt und ich wäre laut geworden. Oberfeldwebel Willberg, wie ich aus Sternberg gekommen, flüsterte mir zu: „Bleib ruhig, im Ernstfall sieht sowieso alles ganz anders aus...".

Interessant wurde der nächste Teil unserer Schulung. Es ging um das Kennenlernen der Etiketten im Offizierskasino. Am 02.12.1944 wurden ich und zwei weitere Kameraden delegiert, an der Offizierstafel am Mittagessen teilzunehmen. Punkt 12 Uhr wurde serviert. 20 Minuten vor 12 Uhr betraten wir drei das Kasino. Wir setzten uns in die Klubsessel und beobachteten die Ordonnanzen, wie sie in weißen Drillichjacken, weißen Hemden und schwarzer Fliege den langen Tisch eindeckten. Blütenweiße Tafeltücher, auf denen sie das schneeweiße Geschirr aus Porzellan abstellten, dazu schweres Silberbesteck und Weingläser aus Kristall. Die Herren Offiziere erschienen, wir erhoben uns aus den Sesseln und blieben etwas abseits stehen. Von uns nahm keiner Notiz. Kurz vor 12 gingen alle zu ihren Plätzen und blieben hinter den Stühlen stehen. Der Stuhl in der Mitte blieb frei, er war dem Herrn Oberst vorbehalten. Links und rechts wurden die Plätze nach der Rangordnung verteilt. Ganz am Ende der Tafel nahmen die geladenen Schüler Aufstellung. Plötzlich rief einer laut: „Achtung“ und alle nahmen sofort Haltung an. Der Oberst betrat den Raum.

Er schritt zu seinem Stuhl, grüßte stumm nach links und rechts mit dem Kopf nickend zu den Offizieren. Als der Oberst Platz genommen hatte, forderte er die anderen leutselig auf: „Aber setzen Sie sich doch, meine Herren“. Die Ordonnanzen trugen im Laufschritt die Schüsseln herein, stellten das Essen auf den Tisch und jeder bediente sich selbst! Zuerst natürlich der Oberst, nach ihm jeweils die ranghöchsten Offiziere. Zuletzt kamen die Unteroffiziere dran, das waren wir. Inzwischen hatte der Oberst seinen Teller fast geleert. Wir beeilten uns, unseren Teller nur soweit zu füllten, wie wir in der verbliebenen Zeit mit Anstand ohne zu schlingen essen konnten. Der Oberst war mit dem Essen fertig, stand auf, hob sein inzwischen gefülltes Weinglas und er sprach einen Tost aus auf den obersten Heerführer, den tapferen Soldaten und auf den baldigen Sieg. Danach verließ der Oberst ohne Gruß eilig das Kasino. Die Ordonnanzen räumten ab und brachten die vollen Schüsseln mit Soße und Gemüse in die Küche zurück. Wir geladenen Gäste hingegen standen hungrig auf. Diese Etikette im Offizierskasino gefiel mir absolut nicht, schon deshalb nicht, weil ich am Tischende sitzen musste. Als nämlich der Oberst aufstand, mussten alle anderen ebenfalls ihre Mahlzeit beenden.

Wir drei Pz.-Spähmänner aus Sternberg waren mit vielem nicht einverstanden, was uns in diesem Lehrgang geboten wurde. Uns schien es, als würde den derzeitigen Kämpfen an den Fronten nicht genügend Aufmerksamkeit geschenkt. Die amerikanischen Truppen standen bereits am Rhein, Im Osten fanden erbitterte Rückzugskämpfe statt, die Front näherte sich Ostpreußen. Deutsche Städte wurden pausenlos von Alliierten aus der Luft bombardiert. Meldungen von militärische Niederlagen an allen Fronten häuften sich. In Hirschberg hingegen blieb es ruhig. Vom Krieg erlebten wir hier kaum etwas, der Lehrgang wurde wie gewohnt weiter abgehalten. Offen über unsere Bedenken haben wir nicht diskutiert, Kritik an der strategischen Kriegsführung, das habe ich gelernt, war nicht gern gesehen.

Ausbildung einer Einheit vom „Volkssturm“

Den nächsten Dienstauftrag ließen wir drei Sternberger aus, es war ein Skilehrgang im Riesengebirge, den wir bereits im Altvatergebirge absolviert hatten. Wir blieben in Hirschberg und bildeten den „Volkssturm“ aus. Mein Auftrag lautete: „Unterweisung in der Handhabe des MG 34, der Panzerfaust und der Handgranate“.

Als ich vor der Volkssturmgruppe stand, kam ich mir als junger uniformierter Unteroffizier richtig blöd vor! Die alten Herren in Zivil könnten meine Großväter sein. Sie standen ihren Mann als Soldat bereits im 1.Weltkrieg. Der Älteste war 69 Jahre, ein alter Polizeimann. Und dieser alte Herr lag begeistert hinter dem MG 34 und übte den Laufwechsel und das Einlegen des Gurtes, so wie ich es ihnen vorgeführt habe. Ist das Deutschlands letztes Aufgebot? Zackige, schneidige Reaktionen zeigten alle nicht mehr. Die Ausbildung ging in gemäßigtem Tempo, ohne scharfe Kommandos vor sich. Wie sollen diese Männer den Ansturm einer Angriffswelle gut ausgebildeter junger Soldaten standhalten? Ich darf keinen Vergleich zur Uffz.-Schule anstellen, sonst wäre mir übel geworden. Und doch glaubte ich an unseren Sieg! Was hat mich so sicher gemacht? Die Zuversicht, die von den Vorgesetzten zur Schau getragen wurde? Auf keinen Fall setzte ich meine Hoffnung auf diese greise Gruppe, die ich ausbilden sollte.

Die Ausbildung an der Panzerfaust ging noch so leidlich gut, die Männer zeigten sich interessiert und feuerten diese auch ab. Schwieriger gestaltete sich die Handhabung der Handgranaten. Die Kraft reichte bei den meisten Männern nicht aus, eine Handgranate weit genug zu werfen. Ich hatte mir mehr erhofft und musste nun miterleben, dass die recht betagten Männer zwar Kriegserfahrung besaßen, aber nicht mehr kriegstauglich waren.

Abstellungsurlaub und Frontbewährung

Der Nachwuchslehrgang endete am 17.12.1944. Ich hatte ihn erfolgreich absolviert und musste, wie alle Teilnehmer, an die Front. Danach sollte ich zur Fahnenjunkerschule abkommandiert werden. Vor der Frontbewährung erhielten alle einen 14 tägigen Abstellungsurlaub. Nur ich nicht! Da ich wegen meiner Verwundung noch nicht als kv eingestuft war, musste ich meinen Einstufungsgrad von einem Augenarzt erneut überprüfen lassen. Der nächste Augenarzt befand sich in einer Spezialklinik in Breslau. Über Weihnachten und Neujahr war eine Dienstreisesperre verhängt worden, so dass ich erst am 05. Januar 1945 die Augenklinik in Breslau aufsuchen konnte. Es verdross mich, dass ich Hirschberg nicht verlassen durfte Meiner Mutter musste ich nun mitteilen, dass ich Weihnachten nicht zu Hause verbringen kann. Alle anderen traten ihren Abstellungsurlaub noch vor Weihnachten an.

Von meinem guten Kameraden Willberg erfuhr ich, dass er sich nach seinem Urlaub bei einer Division in Ostpreußen melden muss. Ich habe nie mehr von ihm gehört, wo mag er verblieben sein?

Am 23.12.44 war eine Weihnachtsfeier im Offizierskasino angesagt. Die Ordonnanzen platzierten uns, auf jedem Platz stand ein Bunter Teller mit Keksen und Dropsrollen. Dazu erhielt jeder ein Geschenk, ich bekam zwei kleine Bücher und Briefpapier. Am Abend servierten die Ordonnanzen ein warmes Essen: Kalbsbraten und Blumenkohl. Wein und Schnaps waren reichlich vorhanden, gegen 22 Uhr begab ich mich ziemlich beschwipst zu Bett. Heiligabend verlief trostlos, ich las und schrieb, schlenderte in Hirschberg herum, ich erblickte nicht einen einzigen geschmückten Tannenbaum, alle Fenster waren verdunkelt!

Am 1. Weihnachtstag zog es mich wieder in die Stadt, ich hielt Ausschau nach irgend welchen Kameraden. Dann traf ich tatsächlich zwei, die ich aus dem Lehrgang kannte. Wir setzten uns in ein ungemütliches Lokal und plauderten über eine Stunde. Von Leutnant Opitz erfuhr ich viel über die Fahnenjunkerschule. Er hatte sie bereits absolviert und war jetzt Leutnant. Wieder allein, kreisten meine Gedanken um die Fahnenjunkerschule. Ich müsste es ebenfalls bis zum Leutnant bringen können, nach dem, was mein Kamerad Opitz mir über die Ausbildung an der Fahnenjunkerschule berichtet hat. Opitz hatte mich auf ein Cafe im Nachbarort Warmbrunn aufmerksam gemacht, dort soll es noch richtige Caféhausmusik geben.

Den 2. Feiertag verbrachte ich in Warmbrunn. Unterwegs bändelte ich mit einer Dame an und brachte sie nach Hause. Ich war erstaunt, was ich für eine Villa vorfand. Sie muss aus wirklich gutem Hause gewesen sein. Ins Cafe ging ich allein, trank mein Bier und lauschte der Musik. Als es dunkelte fuhr ich zurück in die Kaserne. Die Feiertage zur Jahreswende vergingen ebenso trostlos für mich. Am 05.Januar konnte ich endlich nach Breslau fahren in die Augenklinik. Den nun neu eingestellten Grad meiner Kriegsverwendung erfuhr ich nicht. Doch ich erhielt endlich meinen Abstellungsurlaub, das war ein positives Zeichen für mich.

Natürlich holte ich die verpatzten Weihnachtstage bei meiner Mutter in Storkow nach. Hier empfing mich gleich lautstarker Fliegeralarm! Nachbarn suchten eilig den Luftschutzraum in unserem Keller auf. Ich blieb vor der Haustür stehen und sah dem seltsamen Spiel der Scheinwerfer zu, die den nächtlichen Himmel nach feindlichen Fliegern absuchten. Nach der Entwarnung begrüßte ich meine Mutter und meinen kleinen Bruder, der inzwischen mit seinen 14 Jahren den Pimpfen angehörte. Bis spät in die Nacht berichtete Mutter, was sich in den letzten Wochen des Krieges in Storkow abspielte. Der Fliegeralarm wurde tagsüber und auch nachts ausgelöst, die Storkower fanden kaum noch Ruhe. Von unseren Kellerräumen war einer als Luftschutzkeller eingerichtet. Darin standen Stühle und Bänke aus dem Schützenhaus und vor den Kellerluken waren Sandsäcke aufgestapelt. Der eingesetzte Luftschutzwart, Herr Gorisch, nahm seinen Dienst sehr ernst. Er kontrollierte, ob alle Leute, die diesem Keller zugewiesen bekamen, auch erschienen sind und ihn erst nach der Entwarnung verließen.

In meiner Soldatenzeit hatte ich bis auf den kurzen Fronteinsatz in Russland den Krieg nicht so nah erlebt. Bei Fliegeralarm blieb ich draußen an der Tür stehen, um die Ereignisse um mich herum genau mitzubekommen. Da gab ich für die Zivilbevölkerung ein schlechtes Vorbild ab, zum großen Ärger des Luftschutzwartes. Als Unteroffizier wollte ich mich nicht von ihm kommandieren lassen. War das Leichtsinn oder Neugier? Widerwillig fand er sich damit ab. Stand ich nachts bei Fliegeralarm draußen, konnte ich die Scheinwerferkegel zum Himmel gerichtet sehen und hörte die Detonationen der abgeworfenen Bomben. Ich beobachtete auch, wie abgeschossene Bomber brennend zur Erde stürzten. Am 14.01. ertönten nachts die Sirenen, ich blieb in meinem Zimmer und suchte im Volksempfänger den Flaksender, ich wollte wissen, aus welcher Richtung Berlin angeflogen wurde. Ich hörte tieffliegende Bomber über Storkow hinweg jagen. Einer ließ eine Bombe fallen, ich hörte nur den dumpfen Aufschlag, aber keine Explosion. Ich schloss auf einen Blindgänger. Als ich wieder nach draußen eilte, bot sich mir das gleiche Szenario wie in den vorherigen Angriffsflügen. Scheinwerferlicht zum Himmel gerichtet, abstürzende Bomber, Flakfeuer und die unheimliche Geräuschkulisse dazu. Langsam beruhigte sich die Situation und es kam die Entwarnung. In dieser Nacht fanden meine Mutter und ich noch nicht ins Bett. Ich entkorkte eine Flasche von unserem selbst hergestellten Obstwein. Wir unterhielten uns lange und tauschten unsere Gedanken über die derzeitige Situation aus. Mutter bangte um meinen kleinen Bruder: „Hoffentlich holen sie ihn mir nicht auch noch weg.", so ihre Sorge. Mein Vater wurde mit seinen 48 Jahren 1944 eingezogen. Er sitzt als Gefreiter in der Schreibstube eines Bau-Bataillons in Berlin-Zehlendorf. So zehrten die Sorgen um die Familie an den Nerven meiner Mutter. Sie wünschte sich sehnsüchtig das Kriegsende herbei. Ich versuchte, ihr Mut zu machen und tröstete sie so gut ich konnte.

Am Vormittag ging ich in die Stadt. Im Bereich der Kirche waren die Straßen gesperrt, der nächtliche Blindgänger war in den Pfarrgarten gefallen. In der Stadt suchte ich nach Freunden und Bekannten. Viel Gutes brachte ich nicht in Erfahrung. Einige meiner Klassenkameraden sind gefallen, und von den Mädels traf ich auch keine an. Entweder waren sie beim RAD eingezogen oder als „Blitzmädels" im Einsatz. Dieser Urlaub machte mich traurig. Wie schön waren doch die vergangenen Urlaubstage, als ich noch mit Freunden Tennis spielen konnte, kegelte, gemeinsam mit den Mädchen uns amüsierten und ins Kino gingen. Und jetzt im Januar 1945? Sorgenvoll verließ ich Storkow. Meine Mutter blieb mit meinem Bruder auf sich allein gestellt zurück. Nachdem, was ich in diesem Urlaub gesehen und erlebt hatte, schwand in mir die Hoffnung auf einen Sieg. An der Ostfront hatten unsere Truppen auf ihrem Rückzug bereits Warschau aufgegeben. Wie wird es in Storkow weitergehen und vor allem, wo wird mein Einsatz zur Frontbewährung sein? Mit solchen Gedanken erreichte ich Hirschberg.

Mein Einsatzbefehl lautete: „Melden in Luschtinitz bei Prag". Am 03.02.1945 verließ ich Hirschberg und reiste zu meiner neuen Pz-Späh-Kompanie unter Rittmeister Freiherr von Falkenhausen. Die Fahrt wurde ständig unterbrochen, oftmals dauerte der Aufenthalt 7 bis 8 Stunden ehe ein Zug weiterfuhr. Die Bahnhöfe waren mit überwiegend schlesischen Flüchtlingen überfüllt, ebenso die Züge. Es gab keine Fahrpläne. Jungen in HJ-Kleidung waren überall hilfsbereit zur Stelle, halfen den Flüchtlingen mit ihrem Gepäck bei der Weiterfahrt. Beim Anblick der vielen Flüchtlinge dachte ich an meine Lieben daheim, ob ihnen das gleiche Schicksal bevorsteht?

Schnee fiel und es war bitterkalt. Nach zwei Tagen erreichte ich mein Ziel. Ich meldete mich auf dem Truppenübungsplatz in Luschtinitz. Ich fand eine unvollständige Pz.-Spähkompanie vor, die auf neue Pz.-Spähwagen wartete. Personell war die Kompanie bald vollzählig, nur die Panzerspähwagen fehlten. Voll ausgerüstet sollten wir in der 4. Kav.Div. an der Ungarnfront zum Einsatz kommen.

Ich war unwissend über die Titel in der Kavallerie und musste diese erst einmal lernen. Ich befand mich somit nicht mehr in einer Kompanie sondern in einer Schwadron, ein Feldwebel war ein Wachtmeister und ein Hauptmann war ein Rittmeister.

Wir warteten Woche um Woche auf die Pz.-Spähwagen, doch nichts geschah.

Eines Tages bekamen wir neue schwarze Pz.-Soldatenuniformen mit gelben Biesen. Wir sahen schick darin aus. Da uns die

Langeweile plagte, fingen einige an, dummes Zeug zu reden. Untätig herum zu sitzen gefiel uns allen nicht. Ich fand zwei Gesprächspartner, mit denen ich über alles mögliche reden konnte, andere wiederum malten sich in ihrer Phantasie eine rosige Zukunft aus. Manchmal verfiel auch ich ins träumen und schuf mir in Gedanken schillernde Illusionen meiner Zukunft.

Ich bekam noch erstaunlich viel Post von meinen Freunden aus Großräschen, Sternberg und hauptsächlich aus Storkow. Meine Kameraden, die keine Post mehr erhielten, warteten täglich mit mir auf die Briefe meiner Mutter. Da wir kein Radio besaßen und keine Zeitung bekamen, waren die Briefe meiner Mutter die einzige Quelle aus der wir erfuhren, wie es um die Heimat steht.

Jetzt mussten auch wir immer öfter in die Luftschutzgräben, sogar am Tage. Feindliche Bombengeschwader zogen mit ohrenbetäubendem Lärm über uns hinweg nach Norden. Und kein deutsches Jagdflugzeug verwickelte sie in Luftkämpfe, kein Flakgeschoß versuchte sie zu treffen. Deutschlands Luftabwehr war nicht mehr in der Lage, der feindlichen Luftüberlegenheit zu begegnen.

Ganz plötzlich erhielt ich den Auftrag, einen Vortrag über die feindlichen Flugzeuge vor der Schwadron zu halten. Ich befasste mich intensiv mit den Typen „Halifax" und „Lancester" und verglich diese dann in meinem Vortrag mit unseren deutschen Kampfflugzeugen. Ein Fliegeralarm ließ uns die Luftschutzgräben aufsuchen, dort rätselten wir über die Typen, die gerade über uns hinweg flogen.

Am 17.03.1945 wurde ich 20 Jahre alt. Ich dachte den ganzen Tag daran, wie ich diesen besonderen Geburtstag gern gefeiert hätte. Niemand wusste, dass ich heute Geburtstag hatte, niemand kam zum Gratulieren, es gab keinen Kuchen und keine Geschenke. Nur Meine Mutter hatte mich nicht vergessen. Sie schrieb mir einen langen Brief, in dem sie mir versicherte, dass zu Hause alles in Ordnung sei. Ich brauche mir keine Sorgen zu machen, es geht ihr und meinem Bruder gut. Ich sollte glauben, dass bei ihnen in Storkow alles ohne wesentliche Vorkommnisse verlief. Doch ich wusste von den Sorgen, die sie sich um ihre Lieben machte. Ich setzte mich gleich hin und beantwortete ihren Brief. Nun versuchte ich meinerseits sie zu beruhigen, sie sollte sich um mich keine Sorgen machen. Ich begann nachdenklich zu werden. Hätten meine Freunde aus Storkow mir gratulieren können, dann wären es Glückwünsche zu meinen beruflichen Erfolgen und auch Wünsche für die weitere Zukunft gewesen. Meine militärische Laufbahn sah ich deutlich vor mir: Fronteinsatz – Fahnenjunkerschule – Offizier. Doch jetzt fing ich an, Bedenken zu haben. Diese ergaben sich aus der augenblicklichen Kriegssituation. Wie konnten wir nur untätig dasitzen, wenn um uns herum und in der Heimat das Chaos überhand nahm. Stattdessen schossen wir auf Ratten, die im Keller hausten. In der Dämmerung kamen sie hervor und fraßen sich in den Abfalltonnen mit Essensresten voll.

Vielleicht brachten diese Schießübungen den Schwadronchef auf die Idee, uns ein bisschen zu fordern. Ein Fußmarsch von 30 km schien ihm für's erste angemessen. Am Abend war ich zum Umfallen müde. Das nächste mal war Schießen aus einem 8-Rad-Panzer-Spähwagen angesagt. Diese Übung war schon mehr nach meinem Geschmack.

Für mich gab es mal wieder eine Sonderaufgabe: Eine 48 Stundenwache in einem Strafgefangenenlager auf unserem Übungsplatzgelände. Die Strafgefangenen waren alles Wehrmachtsangehörige jeden Dienstgrades, ausgenommen Generäle. Sie sollten sich in den letzten Wochen „wehrkraftzersetzend“ verhalten haben. Ihnen wurde zur Last gelegt, unseren Schicksalskampf in Frage gestellt zu haben und Befehle nicht oder nur zögerlich ausgeführt zu haben. Hatte ich nicht selbst solche Gedanken gehabt und nur nicht ausgesprochen? Die Soldaten sind degradiert und inhaftiert worden. Auf sie wartete eine Strafe bis zu 20 Jahren Zuchthaus. Meine Aufgabe war es, beim Morgenappell die Gefangenen darauf hinzuweisen, dass bei einem Fluchtversuch von der Waffe Gebrauch gemacht wird. Bei dieser Vergatterung vor der Front musterte ich einzelne, genauso wie sie mich auch. Mir fiel auf, dass viele Offiziere dabei waren, die im Alter meines eigenen Vaters waren. Ich machte mir Gedanken, wieso gerade den älteren diese Vorwürfe zur Last gelegt wurden. Ist ihnen vielleicht ihre Kriegserfahrung aus dem 1.Weltkrieg zum Verhängnis geworden? Wie Verbrecher sahen sie jedenfalls nicht aus. Und wie fiel ihr Urteil über mich blutjungen Unteroffizier aus?

Die Strategie des kommandierenden Generals von Harteneck

Warten auf den Marschbefehl nach St. Peter

General von Harteneck befand sich mit seinem Kavallerie-Korps noch an der österreich - ungarischen Ostfrontlinie.

Am 20. 04.1945, als der Kampf um Berlin tobte, hieß es ganz plötzlich für uns fertigmachen zur Abfahrt.

Endlich war die Wartezeit auf dem Truppenübungsplatz in Luschtinitz zu Ende. Ein Extrazug stand für uns bereit. Mit unserem Handgepäck stiegen wir in die Güterwagen und fuhren zum Stab der 4. Kav.-Div. an die österreich-ungarischen Grenze. Hier sollten wir die erwarteten neuen Späh-Panzer erhalten. Ich hatte so meine Zweifel.

Die Bahnfahrt zog sich ewig in die Länge. Die gesamte Strecke hatte unter Beschuss gelegen, noch war sie nicht überall frei befahrbar. In Stayr fuhr die Bahn an den total zerstörten „Hermann-Göring-Werken" vorüber, statt Werkhallen gab es nur ein weiträumiges Trümmerfeld. Verbogene Stahlträger und halb verschüttete Maschinen ragten aus dem Schutt. Die Produktionsaufnahme war in diesem Werk nicht mehr möglich. Vom Zug stiegen wir auf einen LKW um, der uns nach Libsch in der Steiermark brachte. Dort erfuhren wir, dass wir nicht zur 4. Kav.-Div. eingesetzt werden, sondern als Stabsschwadron beim Stab des 1. Kav.-Korps verbleiben. Damit waren wir dem General der Kavallerie Harteneck persönlich unterstellt. Dieses Privileg wusste ich damals schon durchaus zu schätzen. Doch wie sehr sich der General Harteneck für uns junge Soldaten und künftige Offiziersanwärter eingesetzt hat, konnten wir erst an seinem letzten Tagesbefehl vom 07.05.1945 und den daraus resultierenden Folgen ermessen.

In Libsch blieb das Schwadron zwei Tage, dann zogen wir nach St. Peter am Ottersbach um. Die langersehnten Pz.-Spähwagen waren endlich eingetroffen. Ich wurde für ein Fahrzeug als Kommandant eingesetzt. Mir zugeordnet wurde der Schütze Hans Alt und als Fahrer Heinz Fechtner. Wir betankten ihn und nahmen Munition auf. Dann starteten wir zu einer Probefahrt und waren sehr zufrieden. Ich erhielt noch ein Fernglas und eine Meldetasche. Wir waren abfahrbereit und wartete nur noch auf den Einsatzbefehl. Doch dieser kam nicht. Stattdessen blieben wir in St. Peter und bezogen vor Ort Quartier.

General Harteneck

Noch kämpfte die 2. Panzerarmee unter General Harteneck im Südabschnitt der „Ungarnfront". Die Rote Armee beherrschte das Schlachtfeld und drängte die Deutschen Soldaten unaufhaltsam zurück. So näherte sich auch das Kav.-Korps langsam der österreichischen Grenze. Ende April traf die Schwadron von General Harteneck in St. Peter ein und bezog dort ebenfalls Quartier. Bald darauf erschien der General persönlich. Bei diesem Rückzug dämmerte es mir, weshalb wir nie einen Abmarschbefehl zur Front erhalten haben. In St. Peter waren die Kameraden in Privatquartieren untergebracht. Mit Hans und Heinz bewohnten wir eine geräumige Stube, unseren Panzer hatten wir auf dem Hof abgestellt. In dem Zimmer gab es zu unserer großen Freude sogar ein Radio. Eifrig suchten wir nach deutschsprachigen Sendern im Ausland, wo wir die Wehrmachtsberichte und die Feindsender hören konnten. Wir waren somit bestens informiert. Wir haben niemanden etwas über unsere Informationsquelle erzählt, es blieb unser Geheimnis.

Postkarte 1945 von St. Peter

Am 29.04.1945 war dienstfrei, wir saßen am Radio und hörten von der Kapitulation der deutschen Truppen in Italien. Das bedeutete für uns, dass die englische Armee von Italien her über die Alpen nach Norden vorstößt. Vielleicht kämen sie sogar in unsere Richtung, wir wollten auf keinen Fall in russische Gefangenschaft geraten.

Ich erhielt am 30. April den Befehl, mit meinem Panzer-Spähwagen an dem einen Dorfausgang Stellung zu beziehen. Mein Auftrag lautete, keinen Offizier ins Dorf zum General Harteneck vorzulassen, der nicht zu unserem Kav.-Korps-Stab gehörte. Wir standen ungetarnt auf einer Nebenstraße. Niemand wollte ins Dorf oder gar hinaus. Unsere Gedanken gingen nach Hause zu den Familien. Aus dem Radio wussten wir, dass Berlin von den Russen eingeschlossen war. Sie mussten doch auch über Storkow gekommen sein, was ist aus seinen Bewohnern geworden, was aus meiner Mutter, meinem Bruder? Lebten sie, steht das Haus noch? Was wird hier mit uns geschehen? Der Krieg schien verloren. Soldaten desertierten über die Alpen. Sie wollten allein oder in kleinen Gruppen den Weg nach Hause finden. Es schien mir, als wären es Österreicher, die diesen Schritt über die Berge wagten. Vereinzelt hörte ich in der Ferne Schüsse. Hatte jemand einen Deserteur erschossen?

Aus unserem Schwadron desertierte niemand. Am Abend rief der Schwadronchef, Rittmeister Freiherr von Falkenhausen, seine Schwadron zu einem Appell zusammen. Wir hatten unsere neuen schwarzen Uniformen an, die neuen Panzer standen bereit. General Harteneck erschien, er musterte uns aufmerksam, wir sahen alle „wie aus dem Ei gepellt“ aus, und er schien mit uns zufrieden zu sein. Seine Ansprache war präzise und eindeutig: „Wir befinden uns in der Endphase des Krieges und verbleiben in St. Peter,“ verkündete er. Er forderte uns auf, weiter zusammen zu halten und seine Befehle konsequent und widerspruchslos zu befolgen. Ich hatte den Verdacht, dass der General irgend etwas im Schilde führt, was nicht nach Kampf bis zur letzten Patrone aussah.

Aus dem Radio erfuhr ich, dass der Ring um Berlin enger wurde, die Amerikaner hatten sich mit den Russen bereits in Torgau getroffen. Auch wir drei dachten jetzt über Wege nach, wie wir einer russischen Gefangenschaft entgehen können. Vorerst wollten wir keine eigenen Schritte unternehmen.

Am Abend des 01.05.1945 war ein Schwadrontreffen in der Dorfkneipe anberaumt, es gab Wein aus Biergläsern, und ein ordentliches Essen. Die Wirtsleute hatten uns ihre Kneipe überlassen mit den gesamten Vorräten an Essen und Trinken. Sie selbst waren verschwunden. Um 23 Uhr wurde dem General eine Nachricht überbracht. General Harteneck stand auf, plötzlich herrschte eine Totenstille an den Tischen. Dann verkündete er die soeben erhaltene offizielle Nachricht von Hitlers Tod. Nachfolger sei jetzt Admiral Dönitz als Oberbefehlshaber der Wehrmacht. Nach dieser Mitteilung wurde das Deutschlandlied gesungen und der Schwadronabend war beendet.

Am 02.05.1945 erhielt ich den gleichen Befehl wie schon am Tag zuvor. Mittags kam die Ablösung und ich eilte mit meinen beiden Kameraden zu unserem Quartier und stellte das Radio an. Die militärische Lage beschäftigte uns sehr. Den Nachrichten entnahmen wir, dass Lübeck von den Engländern und Rostock von den Russen besetzt sei. Englische Truppen näherten sich von Italien und die Amerikaner von Bayern aus dem Brennerpass. Doch was hat der General der Kavallerie Harteneck mit uns vor? In der Schwadron war eine ungewohnte Hektik zu spüren. Wir erhielten den Befehl, unsere Panzer voll zu tanken und noch mehrere 20-l-Kanister mit Benzin im Panzer unter zu bringen. Wir waren abfahrbereit, aber der Befehl kam nicht!

Am 03. Mai tat sich immer noch nichts. Dann, am 04. Mai, wurde ich zur Befehlsausgabe gerufen. Ich erhielt kleine Stoffwappen für meine Panzer-Späh-Wagenbesatzung, gekreuzte schwarze Steckenpferde auf gelben Untergrund. Diese nähten wir auf den linken Oberarm unserer schwarzen Uniformjacken. Damit war für jeden sichtbar, dass wir zum Kav-Korps gehörten. Im Radio verfolgten wir weiter die Nachrichten, jetzt hörten wir die Kapitulation unserer Truppen in Norddeutschland, Kapitulation auch in den Niederlanden und in Dänemark, unterzeichnet von Generaladmiral von Friedeburg.

Die Dorfausgänge wurden noch schärfer bewacht, irgend etwas lag in der Luft und diese Ungewissheit raubte uns den Schlaf.

In der Nacht vom 07. zum 08. Mai 1945 strapazierten wir unser Radio und warteten gleichzeitig auf den Befehl zum Abmarsch.

Seit den frühen Morgenstunden hörten wir dann nur noch das Fluchtlied: „Mit Mann und Ross und Wagen, hat sie der Herr geschlagen!“ Es war unerträglich. Die bedingungslose Kapitulation war erfolgt, der Krieg war zu Ende.

Marschbefehl nach Mauterndorf

Div.-Zeichen (am Ärmel) der 4. Kav.-Division.
Dieses Wappen war unser Freibrief nach Mauterndorf

Auf Grund dieser Meldung begab ich mich sofort zu meinem Schwadronchef. Er war gerade dabei, die Pz.-Spähwagenführer zusammen zu rufen. Mit wenigen Worten gab er den Tagesbefehl unseres Generals bekannt: Absetzen vom Russen, um ein englisches Internierungslager zu erreichen. Jeder Panzerführer erhielt eine eigene Marschroute mit Karte überreicht. Das gemeinsame Ziel hieß: Mauterndorf. Dann der Schwadronchef: „Es wird jeder auf seiner Route irgendwo den Engländern begegnen. Auf Grund des Steckenpferdwappens auf eurer Uniformjacke wird jeder freie Fahrt nach Mauterndorf erhalten." Er verabschiedete sich mit Handschlag: „Auf Wiedersehen in Mauterndorf".

Von St. Peter nach Mauterndorf →

Schladming
Ramsau
Grobming
Aich
Pruggern
Öblarn
Donnersbach
Großsölk
Donnersbachwald
St. Nikolai i. Sölktal
Rohrmoos
Hochwurzen
Schladminger Tauern
Hochgolling
Sölkpaß
Radstädter Tauernpaß
Niedere Tauern
Lessach
Mauterndorf
Tamsweg
Seebach
Schöder
St. Peter
Oberwölz-Stadt
Niederwölz
St. Georgen
Katsch a.d. Mur
Scheifling
St. Ruprecht
Murau
Unternberg
St. Michael i. Lungau
Katschberg (1641)
Predlitz
Paal
Laßnitz
Hohentauern
Triebener Tauern (1265)
Schoberpaß (849)
Mautern i. Stmk.
St. Johann a. Tauern
Bretstein
Pusterwald
Möderbrugg
St. Oswald
Hochreichart
Pöls
Fohnsdorf
Ingering
Seckau
Österreich-Ring
Judenburg
Knittelfeld
Zeltweg
Weißkirchen i. Stmk.
Perchauer Sattel
Neumarkt i. Stmk.
St. Wolfgang
Obdach
Mühlen
Stubalpe
Gleinalpe
Packalpe
Speikkogel
Leoben
Trofaiach
St. Katharein
Kapfenberg
Arndorf
Bruck a.d. Mur
Traboch
St. Michael
Kraubath a.d. Mur
Luckbauerhube
St. Marein
Kirchdorf
Röthelstein
Schrems
Frohnleiten
Peggau
Sankt Jakob
Hochlantsch
Gasen
Fischbach
Birkfeld
Wenigzell
Pöllau
Anger
Oberfeistritz
Kaindorf
Kaibing
Weiz
St. Radegund
Pischelsdorf
Mitterdorf
Gleisdorf
Untergroßau
Gratkorn
Geistthal
Rein
Kainach
Bärnbach
St. Oswald
Graz
Nestelbach
St. Margarethen
Köflach
Voitsberg
Krottendorf
Hausmannstätten
St. Marein
Fladnitz
Riegersburg
Pack
Bad St. Leonhard
Packsattel (1166)
Klippitztörl
Twimberg
Waldenstein
St. Stefan
Stainz
Kalsdorf b. Graz
Glatzau
St. Stefan
Gnas
St. Oswald i. Freiland
Mettersdorf
Preding
Wildon
Ungerdorf
Wolfsberg
Dietersdorf a. Gnasb.
St. Peter
Groß-St. Florian
Glashütten
Deutschlandsberg
St. Andrä i.S.
Leibnitz
Siebing
Gr. Speikkogel
Schwanberg
Gleinstätten
Vogau
Straß i. d. Stmk.
Deutsch Goritz
Spielfeld
Mureck
Gündorf
Wies
Lautschach
Eibiswald
Arnfels
Langegg
Šentilj
Radlpaß
Radlje ob Dravi
Ožbolt
Lenart
Maribor
Selnica o.D.
Sp. Hoče
Dravograd
Lavamünd
Koglereck
Holmec
Ravne n.K.
Slovenj Gradec
Črna
Mislinja
Innerkrems
Turrach
Turracher Höhe
Flattnitz
Flattnitzer Höhe
Metnitz
Gurktaler Alpen
Friesach
Hüttenberg
Wildbad Einöd
Hirt
Lölling
Gurk
Weitensfeld
Gurktal
Althofen
Klein St. Paul
Ladinger Sp. 2079
St. Margarethen i. Lavanttal
Pölling
Sankt Andrä
Bad Kleinkirchheim
Radenthein
Millstatt
Patergassen
Klein Glödnitz
Döbriach
Feld a. See
Afritz
Feistritz a.d.D.
Fresach
Kellerberg
Bad Bleiberg
Gerlitzen
Treffen
Bodensdf.
Ossiach
Simonhöhe
St. Veit a.d. Glan
Feldkirchen i. Kärnten
Liebenfels
St. Donat
St. Georgen
Brückl
Hochosterwitz
Diex
Unter-greutschach
Griffen
Griffenerberg
Völkermarkt
St. Paul i. Lavanttal
Ruden
Moosburg
Wölfnitz
Mana Saal
St. Andrä
Villach
Nötsch
Velden
Pörtschach
Maria Wörth
Reifnitz
Krumpendorf
Klagenfurt
Niederdorf
Tainach
Klopein
Eberndorf
Bleiburg
St. Stefan
Keutschach
Viktring
St. Margarethen i. Rosental
Jerischach
Faak
Finkenstein
Arnoldstein
Thörl
Wurzenpaß
St. Jakob
Kirschentheuer
Ferlach
Loibltal
Kl. Loiblpaß (759)
Eisenkappel
Karawanken
Seebergsattel (1218)
Bad Vellach
Podkoren
Kranjska Gora
Mojstrana
Jesenice
Vršič (1611)
Strmec
Cave del Predil
SLOWENIEN

Wir liefen in unsere Quartiere. Rasch informierte ich meinen Schützen Hans und meinen Fahrer Heinz, wir verstauten unsere Siebensachen in den Panzer und Heinz drehte die Kanone und das MG nach hinten, richtete die Waffen nach oben, als Zeichen für alle, dass von uns keine Bedrohung ausgeht. Hans rief: „Wir sind abfahrbereit" und ich gab das erste Marschziel „Mettersdorf" bekannt. Es war still im Ort, kein Mensch auf der Straße. Es ging zügig vorwärts, auch in den folgenden kleinen Ortschaften blieb alles ruhig. Nach 30 km erreichten wir die Murbrücke. Soldaten standen dort und warfen Waffen, Gasmasken und andere belastende Gegenstände in die Mur. Das schäumende Frühlingswasser riss alles talwärts.

Die Straße nach Graz wurde voller, ein waffenloser, ungeordneter Soldatenstrom lief in Richtung Graz. Sie alle machten unserem Fahrzeug willig Platz, trotzdem kamen wir nur langsam voran. Heinz, mein Fahrer, war total übermüdet, ich musste ihn öfter vom Turm her anstoßen: „Heinz, nicht einschlafen!"

Wir orientierten uns weiter nach unserer Fahrtroute und verließen 10 km vor Graz die Rückzugsstraße, umfuhren Graz, bogen hinter dem Ort auf eine Straße ein, die nach Klagenfurt ging. Diese Straße war noch überfüllter. Viele LKW's, kleine Militärfahrzeuge, Motorräder mit und ohne Beiwagen und unendlich viel Fußvolk in Uniform oder auch in Zivil bewegten sich im Schneckentempo vorwärts. Ging einem Fahrzeug das Benzin aus, machte der Fahrer dieses zusätzlich für eine Weiterfahrt unbrauchbar und ließ es am Straßenrand stehen. Wir waren froh, noch ein paar volle Benzinkanister zu besitzen. In der Nähe von Voitsberg wurde der Panzer ungewollt immer langsamer. Heinz verließ die Straße und hielt an. Seine Diagnose: „Nichts zu machen, Kupplung ist im Arsch." So ließen auch wir unseren schönen neuen Panzer-Spähwagen zurück. Heinz und Hans gingen auf Fahrzeugsuche, ich bewachte derweil unsere noch vollen

Benzinkanister. In der Nähe befand sich eine abschüssige Wiese, voll gestellt mit LKW's. Leider haben die Fahrer die Motoren unbrauchbar gemacht. Eine Reparatur war hier nicht möglich.

Ein Horch-Kabriolett bog auf die Wiese ein und ein Oberleutnant der Luftwaffe stieg aus. Er entfernte vom Benzinbehälter den Verschluss, warf diesen weit fort und verließ die Wiese mit seinem Handgepäck. Hans suchte nach dem Verschluss und Heinz schloss den Motor kurz, der Zündschlüssel fehlte ebenfalls. Rasch wurde ein Kanister mit Benzin vom Panzer geholt. Es dauerte nicht lange, da kamen beide freudig lächelnd vorgefahren. Die beiden luden das Gepäck und die restlichen Benzinkanister um und ich machte inzwischen die Waffen unbrauchbar. Zwei Soldaten nahmen wir noch mit, lasen einen Kameraden von unserer Schwadron, „Bubi" genannt, auf und fuhren unserem Ziel Mauterndorf im hochherrschaftlichen Kabriolett entgegen.

Mit dem Horch-Kabriolett ging es weiter bis Mauterndorf

Wir bogen in die Straße nach Salla und Weißkirchen ein. Den Sallabach mussten wir öfter durchfahren, unsere Fahrt schlich nur so dahin. Die Sonne ging unter, rasch wurde es dunkel.

Ich entfernte die Luftschutzkappen von den Scheinwerfern. Vor uns fuhr ein schwerer Zweisitzer Sportwagen. Hinten konnte ich einen riesigen Koffer erkennen, das Scheinwerferlicht strahlte einen Hinweis an: Botschaftsrat von Schulenburg.

Langsam schoben wir uns im Pulk den Kamm hinauf, viele Autos hatten Probleme mit der Steigung, auch unser Botschaftsrat, der immer noch vor uns fuhr. In Kammhöhe blieb der Sportwagen stehen, mit vereinten Kräften schoben wir ihn ein Stück aufwärts, bis der Motor wieder ansprang.

Inzwischen war es 23 Uhr und kalt geworden. Wir hatten den Pass erreicht, es ging bergab nach Judenburg. Den Ort erreichten wir eine halbe Stunde nach Mitternacht. Er schien uns wie ausgestorben. Bei der hellen Straßenbeleuchtung konnten wir überall die Fahnen in Rot-Weiß-Rot von Österreich sehen. Judenburgs Bewohner demonstrierten mit dieser Beflaggung, dass sie nicht zum Großdeutschen Reich gehörten, sondern ein eigenständiger Staat waren. Ich habe in den Kasernen mit vielen Österreichern gelebt, wir waren immer gute Kameraden, wie werden sie sich jetzt mir gegenüber verhalten?

Judenburg ließen wir rasch hinter uns, überholten sogar den Botschaftsrat, kamen aber dann die folgenden 30 km nur langsam voran. Vor uns fuhren LKW-Kolonnen, die wir nicht überholen konnten. Ich musste aufpassen, dass ich die Abzweigung nicht verpasse, die in unserem Routenplan angezeigt war. Ich fand sie, Heinz bog ab und wir befanden uns wieder ganz allein auf einem Schotterweg, der ins Gebirge führte. Wir kamen an eine freie Fläche und beschlossen, eine kurze Rast einzulegen. Wir hatten zwei Nächte nicht geschlafen. Die Nerven überreizt, dösten wir alle vor uns hin, nickten ein und brachen im Morgengrauen wieder auf. Wir wollten den Engländern lieber am Tage begegnen als in der Nacht. Bis Mauterndorf waren es noch 50 km. Wann treffen wir auf die englischen Besatzer? Der Bergkamm der Niederen Tauern tauchte am Horizont auf, noch war die Sonne nicht zu sehen. Mich bedrückte die Ungewissheit an unsere Zukunft.

Wir durchfuhren kleinere langgezogene Orte bis wir Tamsweg erreichten. An der ersten Straßenkreuzung stoppte uns die Besatzung eines Jeeps. Es waren die Engländer! Sie schauten auf das Steckenpferdwappen und wiesen uns den Weg nach Mauterndorf. Doch unsere beiden Landser mussten das Auto verlassen. An der Kreuzung herrschte reger Betrieb. Aus Richtung Murau trafen Einheiten der 16. SS.-Pz.-Gr.-Div. ein. Sie wurden von den Engländern weitergeführt, aber nicht nach Mauterndorf. Wir vier: Heinz, Hans, Bubi und ich fuhren in den frühen Morgenstunden unserer Internierung entgegen. Es waren die letzten vier Kilometer in Freiheit. Es war der 09. Mai 1945.

Im englischen Internierungslager

Mauterndorf kam in Sicht, und wir glaubten, von Engländern empfangen zu werden. Aber nichts dergleichen geschah. Kein Mensch zeigte sich zu so früher Stunde auf der Straße. Am Ortseingang fanden wir eine Scheune, in der wir unser Quartier einrichteten. Auch für den PKW fand sich ein sicheres Plätzchen. Wir schliefen ungestört einige Stunden durch. Als ich erwachte, säuberte ich meine Uniform und ging in den Ort. Auf den Straßen sah ich viele Soldaten aus unserer Schwadron. Ich fand unseren Schwadronchef, Rittmeister Freiherr von Falkenhausen und meldete unsere Ankunft. Er begrüßten mich freudig. Dann teilte er mir mit, dass wir uns in Mauterndorf aufhalten werden. Im Ort und in der näheren Umgebung könnten wir uns frei bewegen. Eine Unterkunft müssen wir im Ort selbst suchen. Ich blieb bei den Kameraden in der Scheune.

Wir befanden uns jetzt in englischer Internierung, aber wir sahen keinen englischen Soldaten. Unsere Feldküche sorgte gut für uns. Unbeschwert lebten wir in den Tag hinein. Der Rittmeister rief die Schwadron in größeren Abständen zusammen, um uns über das Wichtigste zu informieren. Bei einer solchen Gelegenheit erhielt ich die Beförderung zum Wachtmeister und bekam die Schulterklappen dazu überreicht.

Da wir nichts weiter zu tun hatten, trennte ich vorsichtig die Stoffadler mit einer Rasierklinge ab. Die Uniform war meine einzige Oberbekleidung, ich versuchte, sie soweit wie möglich in Ordnung zu halten. Die meiste Zeit verbrachte ich hinter der Scheune und schrieb meine Gedanken nieder und dachte dabei an meine Zukunft. Ich war mit Begeisterung Soldat geworden, habe mein Leben für Deutschland eingesetzt und habe immer an unseren Sieg geglaubt. Das ist jetzt alles vorbei. Der Traum ist geplatzt. Ein neues Leben wird für mich beginnen, wie das aussehen wird, ist ungewiss. Vorerst bin ich in Mauterndorf sicher untergebracht und muss nur jedem Tag eine gute Seite abgewinnen. Alles Weitere findet sich. So versuchte ich, mir selber Mut zu machen.

Die Kirche öffnete ihre Türen für einen Gottesdienst. Jeder Soldat hatte das Bedürfnis, daran teil zu nehmen. Unsere Schwadron marschierte geschlossen zur Kirche. Die Plätze waren bereits vergeben, wir verteilten uns im gesamten Kirchenschiff. Ich ging auf die Empore zum Organisten, so kam ich in den Genuss, zu seinem exzellenten Orgelspiel auch die Bedienung der Mechanik zu beobachten, womit er diese Töne so brillant erzeugte. Später erfuhr ich, dass dieser ältere weißhaarige Herr, als Rittmeister in Stiefeln mit Sporen, der Organist vom Berliner Dom war.

Unsere Waffen hatten wir abgeben müssen. Aber als ein Maulesel geschlachtet werden sollte, konnte Hans sich alle Werkzeuge beschaffen, die er zum Schlachten benötigte. Bei sich zu Hause war er beim Schlachten stets dabei, er kannte sich gut aus. Mit einer Axt betäubte er den Maulesel, dann öffnete er mit einem Messer die Halsschlagader. Ich zog mich zurück, vom Schlachten hatte ich genug. Hans rief mir nach: „Halt die Bratpfanne bereit!". Er hatte diese vorher besorgt, weil er für uns die Leber braten wollte. Hans war der unumstrittene Held des Tages. Abends aßen wir die Leber des Esels, auch hier erntete Hans großes Lob, sie schmeckte vorzüglich.

Bisher habe ich keinen Kontakt zu Einheiten unseres Kav.-Korps bekommen. Auf meinem Rückzugsweg sind wir keinen berittenen Einheiten begegnet. Wie haben sie es geschafft, sich und ihre Pferde vom Russen abzusetzen, um sich in englische Internierung zu begeben? Dass sie ebenfalls hier in unserer unmittelbaren Nähe sein müssen, lässt sich über den Esel vermuten, den Hans zum Schlachten erhielt. Einige Offiziere lassen ihre Tiere auf den Koppeln über Zäune springen, wie Hans berichtete.

Über Mauterndorf erfuhr ich bei meinen kurzen Ausflügen interessante Einzelheiten. Vor einer Haustür stand ein älterer Herr und schaute die Straße hinunter. Ich erkundigte mich bei ihm nach dem Weg zur Taurach. Er war erstaunt über meine Frage, wo jeder andere Sorgen hatte, als an der Taurach zu verweilen. Doch er wies auf einen Pfad mitten durch ein Grundstück. Ich stellte weitere Fragen, und er gab bereitwillig Auskunft. Zum Schluss erwähnte er das Schloss von Mauterndorf, das sich im Besitz von Hermann Göring befand. Jetzt wären wohl die Engländer dort, meinte er noch. Ich ging zum Fluss hinunter, eine Weile sah ich den Wellen zu, die sich an Gesteinsbrocken brachen und als Fontäne in das Bett niederfielen. Ich suchte dieses Plätzchen jetzt öfter auf. Einmal geschah es, dass ich beim Passieren des Tores mit einem reizenden Fräulein in Trachtenkleidung frontal zusammen stieß. Ich entschuldigte mich freundlich, sagte ein paar nette Worte, aber sie würdigte mich nicht eines Blickes. Es schien mir, als ob sie als stolze Österreicherin nichts mehr mit einem deutschen Soldaten zu tun haben möchte.

Gern hätte ich noch weitere Ausflüge unternommen, aber allein in die Berge war zu riskant. Dann fand ich doch noch drei Kameraden, die sich mir anschlossen. Wir fanden einen markierten Weg, der zum Speiereck führte. Wir durchwanderte einen Fichtenwald, der bald von Krummholz abgelöst wurde. Der Ausblick, den wir jetzt hatten, war phantastisch. Die sogenannten „Matten“ waren erreicht. In der Ferne sahen wir eine Hütte, dort machten wir Rast. Die Tür stand offen. Die Hütte muss überstürzt im Chaos verlassen worden sein. Viele Kochgeräte und andere Gegenstände lagen herum. Anscheinend war die Berghütte eine Beobachtungsstation gewesen, die nach Bekanntwerden der Kapitulation verlassen wurde. Auf den letzten Anstieg zum Gipfel haben wir verzichtet und traten den Rückweg an.

Der Kamerad Richard Reinartz, ein Wachtmeister, befand sich mit Verdacht auf Gelbsucht im Krankenrevier auf dem Schloss. An einem Nachmittag stieg ich auf zum Lazarett, um Richard zu besuchen. Ich erfuhr, dass Göring die Burg von der Witwe seines Patenonkels Epenstein übertragen bekam. Er nahm einige Veränderungen an ihr vor und gab der Burg das heutige schlossartige Aussehen. Vom Eingang gelangte man in einen großen Empfangsraum mit ledernen Klubsesseln und schönen Bücherregalen. An den Wänden hingen viele Jagdtrophäen, ausgestopfte Vögel und anderes. Schildchen wiesen auf die Stifter hin. Das Schloss war offensichtlich das Domizil des Reichsjägermeisters Hermann Göring gewesen. Mit Richard saß ich in den Sesseln, und wir blätterten in den Büchern. In vielen stand eine Widmung. Auf dem Tisch lag ein vollständiges Kartenmaterial über ganz Deutschland ausgebreitet. Ich nahm mir die Karte von Nürnberg mit, auf der auch Bamberg und Umgebung zu sehen war. Ich wollte doch nach meiner Entlassung zuerst zu Hans nach Frensdorf bei Bamberg.

Am späten Abend musste ich noch einmal die Scheune verlassen. Da hörte ich aus der Ferne die lauten Rufe einer Frau: „Nein, ich will nicht, nein, lasst mich in Ruhe!“. Dann plötzlich ihre Schreie: „Hilfe, sie vergewaltigen mich!“. Ihre Stimme wurde leiser, dann waren sie verstummt. Ich hörte auch, wie jemand versuchte, eine Tür gewaltsam zu öffnen, dann wieder Schreie aus einer anderen Richtung, ebenfalls die Hilferufe einer Frau. Sollte das jetzt etwa nächtelang so weitergehen? Zum Glück blieb es bei diesen Vorfällen in der einen Nacht. Am nächsten Morgen erfuhren wir, was passiert war:

In dieser Nacht zog durch Mauterndorf eine amerikanische Truppe aus tschechischen Soldaten. Diese drangen gewaltsam in Häuser ein, stahlen Dinge und vergewaltigten auf brutalste Weise die Frauen. Die deutschen Soldaten, die in diesen Häusern ihr Quartier hatten, versteckten sich, sie fürchteten um ihr Leben. Die Engländer hielten sich vollkommen zurück. In diesen Tschechen musste noch ein gewaltiger Hass gegen die Deutschen innewohnen, wehe man geriet in ihre Hände!

Am frühen Morgen zogen sie weiter. Ein Jeep soll mit Zylindern, ein anderer mit Weckern behangen gewesen sein. Und niemand hat geholfen - aus Angst!

Unsere Vorgesetzten vertrieben sich die Zeit auf ihre ganz spezielle Art: Sie pokerten! Unser Schwadronchef, Rittmeister Freiherr von Falkenhausen, manchmal auch sein Bruder, Major Freiherr von Falkenhausen, unser Spieß, Oberfähnrich von Siemens und unser Leutnant saßen draußen rings um eine Kiste, die als Tisch diente. Der große Geldmann war unser Rittmeister, seine Einhundert-Mark-Scheine lagen neben ihm auf den Rasen. Gewann er, dann fegte er mit einer lässigen Handbewegung die Scheine von der Kiste, dass sie verstreut auf den Rasen flatterten.

Natürlich zog das Pokerspiel viele Zuschauer an. Das Glücksspiel zeigte allen den Wohlstand der Familie von Falkenhagen. So viel Geld haben viele der Umstehenden noch nie auf einem Haufen gesehen. Was mögen die Zuschauer gedacht haben?

Entlassung durch die US-Besatzer in Aalen

Es sprach sich herum, dass die Pferde unserer Kav-Division abtransportiert wurden. Die Trakehner sollten in Frankfurt/Main zur Versteigerung kommen. Vor dem Abtransport hatte es am 09.06.1945 im Nachbarort St.Michel eine legendäre Abschiedsparty des Kavallerie-Regimentes „Generalfeldmarschall von Mackensen" gegeben. Anwesende Amerikaner waren von dem Aufmarsch tief beeindruckt. Sie bemerkten dazu: „Dies ist keine geschlagene Truppe" (Zitat aus „Geschichte der Deutschen Kavallerie 1919-1945" von Klaus Christian Richter).

Unser Schwadronchef forderte uns auf, das Horch-Kabriolett abzugeben. Ein Vorkommando soll damit nach Radstadt fahren, um unsere Abfahrt nach Aalen vorzubereiten. Dort sollten wir von den Amis entlassen werden. Wir konnten es nicht recht glauben. Vorher wurde uns geraten, sämtliche Orden und Ehrenzeichen von unseren schwarzen Uniformjacken zu entfernen. Die beiden Spiegel mit den Totenköpfen durften wir auf keinen Fall vergessen: sie könnten zu verhängnisvollen Verwechslungen mit den SS-Totenkopfdivisionen führen. Die Uniform sah nach dem „Eingriff" nach Nichts aus, aber immerhin würde ein kundiger Soldat an den gelben Litzen am Kragen den ehemaligen Angehörigen einer Panzer-Spähtruppe erkennen.

Das, was unser General Harteneck in seinem Tagesbefehl vom 07. Mai 1945 versprach, uns ehrenvoll in die Heimat zurück zu bringen, schien sich tatsächlich zu erfüllen.

Am 16. Juni 1945 standen Lastwagen für unseren Abtransport

bereit. Natürlich war der LKW ein „Opel-Blitz", aber in diesem Augenblick dachte ich nicht mehr an meine widerspenstige erste Fahrstunde. Um nach Radstadt zu gelangen, überquerte die LKW-Kolonne die Niedere Tauern. Es ging nur langsam vorwärts, immerhin betrug die Steigung 20%, schließlich hatten wir die Tauern-Höhe erreicht. Hier oben schlug unerwartet noch einmal das Winterwetter zu mit kaltem Wind und Schneeregen. Im Nu war alles mit Schnee bedeckt. Der Schneeregen hielt nicht lange an, die Fahrt ging jetzt bergab und der Schneematsch schmolz dahin. Die Sonne kam zum Vorschein.

Auf der gesamten Fahrt zum Bahnhof war kein Engländer zu sehen, nicht mal am Bahnhof, wo für unsere Schwadron ein Güterzug bereit stand. Zuerst wurde die Feldküche eingeladen. Anschließend ließ Rittmeister Freiherr von Falkenhausen einen VW für sich verladen, das kostete viel Mühe und Zeit. Einige Kameraden bekundeten lautstark ihren Unmut über solche Sonderrechte, die sich der Freiherr heraus nahm. Einen Extrawaggon für Offiziere gab es nicht. Zufällig stieg der Rittmeister in den Waggon ein, in dem ich bereits saß. Erst am Abend setzte der Zug sich langsam in Bewegung, er blieb auch oft längere Zeit stehen. Im Morgengrauen hielt der Zug wieder einmal auf der Strecke,

ich öffnete die Schiebetür einen schmalen Spalt weit und schaute hinaus. Ein wunderschöner Sonnenaufgang verzauberte die Bergwelt, die wir verließen. Ein Sonnenaufgang über dem Groß Glockner, was kann es schöneres zum Abschied geben. Als die Sonne so hoch stand, dass sie mich zu blenden begann, schloss ich leise die Tür. Mein Blick fiel auf einen Waffenrock gleich neben der Tür. Die Futterseite mit der Innentasche wies nach außen. Einige Hundert-Mark-Scheine, lässig hineingestopft, schauten halb heraus. War das mit Absicht so arrangiert oder wirklich nur Nachlässigkeit?

Die Fahrt ging jetzt zügig weiter. Wir passierten Zell am See, mir fielen die gepflegten Häuser und Gärten auf. Hier gab es keine Kriegsschäden. In Wörgl hielt unser Güterzug im Bahnhof neben einem Personenzug. Italiener fuhren wohl in ihre Heimat, von uns nahmen sie keine Notiz. Dann aber, als ihr Zug sich in Bewegung setzte, beschimpften und bespuckten sie uns. Wir kochten vor Wut.

Wir kamen am Nachmittag in Aalen an und wurden von den Amis in Empfang genommen. Kaum war der Leutnant dem Waggon entstiegen, kam ein junger amerikanischer Leutnant auf ihn zu, fuchtelte provokatorisch mit der Reitpeitsche. Er wollte ihm die Orden vom Uniformrock reißen, doch der Leutnant widersetzte sich. Dar Amerikaner ließ die Peitsche sinken, drehte sich um und fuhr davon.

Der Küchen-LKW wurde ausgeladen, gleich danach auch der PKW des Freiherren von Falkenhausen. Ab jetzt galt für ihn die militärische Ordnung nicht mehr. Der Freiherr dachte nur noch an sich. Ohne Gruß an seine ehemaligen Soldaten fuhr er mit seinem PKW zum Küchen-LKW hin und lud Konservenbüchsen ohne Ende in sein Auto. Als ich mit Richard Reinartz diese Unverschämtheit sah, konnten wir uns nicht mehr beherrschen. Wir protestierten lautstark gegen diesen Diebstahl, denn noch gehörten der gesamten Schwadron die Lebensmittel aus der Feldküche. Als die anderen Kameraden den Grund unserer Empörung mitbekamen fingen auch sie an, laut zu protestieren. Der Leutnant warf rasch seinen Wagen an und fuhr in Begleitung der Amis ab. Der Spieß beschimpfte uns: „Und solche Revolutionäre haben wir zu Wachtmeistern befördert, unverständlich!". Er meinte wohl Richard und mich. Fast wäre es zu Handgreiflichkeiten gekommen. Wir forderten eine gerechte Verteilung der verbliebenen Konserven an alle Kameraden, und so geschah es auch.

Amerikanische Soldaten begleiteten unsere formierte Schwadron durch Aalen zum Sportplatz. Unser ehemaliger Spieß war dabei und schwieg. Der Küchen-LKW allerdings blieb zurück. Der Sportplatz war die Sammelstelle für die Kriegsgefangenen, die entlassen werden sollten. Inzwischen befanden sich bereits einige Hundert Soldaten auf dem Platz. Uns wurde schließlich mitgeteilt, dass wir am nächsten Tag entlassen werden. Die Nacht verbrachten wir dicht gedrängt auf dem Sportplatz. An Schlaf war nicht zu denken, die Nacht war kalt und Decken hatten wir nicht. Als der Morgen dämmerte kam Bewegung auf dem Platz.

Es hieß, es sollten alle, die Verwandte in den von Amerikanern besetzten Gebieten nachweisen können, zum Ausgang gehen. Sie werden zuerst entlassen. Hans Alt forderte Bubi und mich auf, mitzukommen und sagte: „Ihr gebt die Anschrift meines Vaters an: Paul Alt, Frensdorf bei Bamberg“. Gemeinsam gingen wir zum Stellplatz und reihten uns in die Menschenschlange ein. Schubweise wurde immer eine Gruppe nach der anderen in ein nahes Gebäude geführt. Die Entlassungszeremonie bei den Amerikanern begann.

Zuerst mussten wir unsere Soldbücher auf den Tisch legen. Ein Soldat tippte unseren Namen in einen Entlassungsschein. Er fragte als nächstes, wo wir hinwollen. Ich gab die Adresse von Paul Alt an. Sie wurde anstandslos eingetragen. Auf die Frage nach Waffenbesitz oder anderen militärischen Gegenständen kramte ich mein Fernglas aus dem Gepäck und legte es auf den Tisch. Ich musste den Entlassungsschein unterschreiben – mit meinem Daumenabdruck. Der Entlassungsschein wurde mir ausgehändigt und ich in einen anderen Raum verwiesen.

Hier gab ich mein Gepäck ab. Ich musste mich vollständig entkleiden, die Sachen auf einen Bügel hängen und diesen ebenfalls abgeben. Gepäck und Sachen wurden desinfiziert. Nackt, wie ich war, betrat ich eine Turnhalle. An einem Tisch saßen ein amerikanischer Arzt und zwei Schreibkräfte. Der Arzt beschaute mich kurz von vorn, dann von hinten, untersuchte meinen Penis auf sichtbare Anzeichen einer Geschlechtskrankheit und stellte Fragen zu meiner Verwundung. Eine Schreibkraft tippte eifrig in meinen Entlassungsschein, was ihr der Arzt sagte. Gegenüber stand ein zweiter Tisch, dort saßen zwei uniformierte bildhübsche junge Damen, die ihre wohlgeformten Beine bis zu den Knien sehen ließen. Sie wohnten der nackten ärztlichen Vorstellung bei und unterhielten sich über uns. Sie zeigten mal auf den einen, dann auf den anderen. Hat der Arzt registrieren wollen, wie wir Soldaten auf die hübschen Mädchenbeine reagieren? Ich bekam jedenfalls meinen Entlassungsschein von ihm unterschrieben, ich habe gegengezeichnet und konnte in den nächsten Raum gehen. Mir wurden die Achsel.- und Schamhaare mit einem Desinfektionspulver eingestäubt. Im nächsten Raum nahm ich meine Kleidung und mein Gepäck in Empfang. Ich kleidete mich wieder an, bekam noch für einen Tag Kaltverpflegung mit und wurde zu einem LKW verwiesen, der für den Transport nach Bamberg vorgesehen war.

Es ging alles sehr schnell. Aufsteigen, ein Wink mit der Hand, mehr Zeit zum Abschiednehmen gab es nicht. Eine Autokolonne, von der jeder LKW überfüllt mit Heimkehrern war, raste in Richtung Bamberg. Am Steuer saßen nur Schwarze. Mir wurde bei dieser wilden Fahrt ziemlich übel. Die Kurven nahmen die Fahrer besonders gern mit hoher Geschwindigkeit. In Neustadt legten die Schwarzen eine kurze Pause ein, übten sich auch noch im Taubenschiessen, aber trafen keine. Im selben Tempo ging es bis Bamberg weiter. Die Lastwagen hielten, die Soldaten sprangen ab, froh, dass niemand bei dieser Höllenfahrt zu Schaden gekommen war.

Hans, Bubi und ich eilten davon nach Frensdorf, wir waren entlassen und in Freiheit!

CONTROL FORM D. 2

I.

Entlassungsschein · Certificate of discharge

Auszufüllen in lateinischer Druckschrift in Tinte oder mit Schreibmaschine
All entries will be made in block Latin capitals and will be made in ink or typescript

PERSÖNLICHE ANGABEN
PERSONAL PARTICULARS

33151 18.VI 45

Familienname des Inhabers / Surname of holder: TSCHECHNE

Vorname / Christian Name: GERD

Zivilberuf / Civil occupation: SCHUELER

Heimatanschrift / Home address: FRENSDORF

Geboren am / Date of birth: 17. 3. 25 (Tag / Day, Monat / Month, Jahr / Year)

Geburtsort / Place of birth: STORKOW

Familienstand / Family status: Ledig Ø single Ø

Zahl minderjähriger Kinder / Number of children who are minors: KEINE NONE

Ich bestätige hiermit, daß nach meinem besten Wissen und Glauben die oben gemachten Angaben wahrheitsgemäß sind. Ich bestätige fernerhin, daß ich die „Instruktionen für entlassene Wehrmachtsangehörige (Control Form D. 1) gelesen und verstanden habe.

I hereby certify that to the best of my knowledge and belief the particulars given above are true. I also certify that I have read and understood the 'Instructions to personnel on discharge' (Control Form D. 1).

Gerd Tschechne

Eigenhändige Unterschrift des Inhabers / Signature of the holder

GERD TSCHECHNE

Name des Inhabers in lateinischer Druckschrift / Name of the holder in Latin capitals

II.

Ärztliche Bescheinigung · Medical certificate

Besondere Kennzeichen / Distinguishing marks: KEINE NONE

Gebrechen oder Dienstunfähigkeit, mit Beschreibung / Disability, with description: AUGENKRANKHEITEN EYE DISEASE

Ärztliche Klassifizierung / Medical category: A.V.- WORK SERVICE

Ich bescheinige hiermit, daß nach meinem besten Wissen und Glauben die oben gemachten Angaben über den Inhaber wahrheitsgemäß sind und daß derselbe ungezieferfrei ist und von keiner ansteckenden oder Infektionskrankheit behaftet ist.

I certify that to the best of my knowledge and belief the above particulars relating to the holder are true and that he is not verminous or suffering from any infectious or contagious desease.

Unterschrift des Truppenarztes / Signature of medical officer

Name und Dienstgrad des Truppenarztes (in lateinischer Druckschrift)
Name and rank of medical officer (in block Latin capitals)

III.

Dieser Entlassungsschein hat 40 RM gekostet

Teil III
Nach dem Krieg

Zu Fuß nach Frensdorf

Bei Familie Alt auf dem Bauernhof

Zu Fuß ging es die staubige Landstraße entlang. Unsere Uniform wurde lästig, schwer und unbequem. Aber wir waren frei, so frei, wie die Vögel in der Luft über uns. Was General Harteneck seinen Kompanien dereinst versprach, er hat es eingehalten!

Je mehr wir uns Frensdorf näherten, um so langsamer wurden wir, bis Hans die erlösenden Worte aussprach: „Kommt, wir legen eine Pause ein und ruhen uns ein Weilchen aus“, wir stimmten erleichtert zu. Hans stopfte sich seine Pfeife, wir schwiegen und jeder hing seinen Gedanken nach. Hans meinte dann: „Wenn wir diese Höhe überschritten haben, dann sehen wir in der Talebene Frensdorf liegen.

Ob das Haus meiner Eltern noch steht?“.

Er sprach aus, was auch wir dachten. Er erhoffte sich von uns Resonanz, ich versuchte mein Bestes. Wir sagten ihm unsere Hilfe zu, falls das Schlimmste eingetroffen war. Ich dachte auch an mein Elternhaus. In Storkow sind jetzt die Russen, leben meine Eltern, mein Bruder, steht unser Haus noch? Mich quälten die gleichen Sorgen. Der Ami hat genau gewusst, weshalb er nur die Internierten entlässt, die in seinem Verwaltungsgebiet wohnen. Würde ich mich auf eigene Faust nach Hause begeben, was würde mich erwarten? Hätte ich mit einer erneuten Verhaftung durch Russen zu rechnen? Ich will doch lieber abwarten, wie sich die Nachkriegszeit entwickeln wird. In Frensdorf wäre ich vorerst in Sicherheit.

Wir gingen weiter unserem Ziel entgegen. Bald hatten wir die Anhöhe erreicht und vor uns eröffnete sich ein herrliches Tal, in dem Frensdorf lag. In der Ferne erblickte ich eine Felswand vom Sonnenlicht überflutet, sie gehörte zur Fränkischen Schweiz.

Sogar eine Bahnlinie konnte ich erkennen. Wir näherten uns dem Dorf. Die Dächer waren im Sonnenschein gut zu erkennen, kein Haus war zerstört. Frensdorf war vom Krieg verschont geblieben.

Frensdorf

Hans schritt rascher aus, schaute auf die vielen Wiesen, ob er irgendwo seine Angehörigen sehen könnte. Er entdeckte sie auf einer Wiese bei der Heuwende. Er lief hin, Bubi und ich blieben zurück und ließen Hans erst mal allein seine Familie begrüßen. Dann drehte er sich zu uns um, zeigte auf uns und kam zurück. Seine Familie wollte uns aufnehmen. Nun gingen wir frohen Herzens mit Hans zu seinem Elternhaus, setzten uns in die Küche und warteten auf die Hausherren. Sie kamen bald von ihrer Wiese nach Hause.

In der Küche gab es nachher ein reichhaltiges kräftiges Essen. Wir mussten berichten, das Erzählen fand kein Ende.

Die Altsche Bauernwirtschaft war recht groß. Das Haus besaß 5 Zimmer, eine Küche, aber weder Bad noch Toilette. Ein Durchgang führte direkt vom Haus zum Stallgebäude. Im Stall standen zwei Milchkühe, zwei Kälber und vier Kühe als Zugtiere. Pferde gab es nicht.

Für mich wurde oben im Haus ein Zimmer hergerichtet. Bisher diente es als Abstellraum für Möbel, darunter war auch ein Bettgestell. Vom Fenster aus konnte ich ins Nonnenkloster sehen. Hier fand Hans später Arbeit und eine Unterkunft. Mein Blick fiel genau ins Fenster der Kapelle, in der die Nonnen ihre Gebete verrichteten.

Frensdorf war eine kleine Ansiedlung mit knapp tausend Einwohnern. Die meisten besaßen eine gut gehende Landwirtschaft.

Sehr rasch bekam ich mit, wer im Dorf das Sagen hatte. Die geistigen Oberhäupter waren der katholische Pfarrer, der Bürgermeister, der Lehrer und der Förster. Der Pfarrer war als einziger noch im Ort verblieben, die anderen drei gehörten der NSDAP an, und alle drei waren verschwunden.

Das Wohnhaus von Familie Alt

Das Ehepaar Alt hatte drei Kinder Schorsch, Kathi und Hans, sie mussten auf dem Bauernhof kräftig zupacken. Jeder hatte sein bestimmtes Arbeitsgebiet. Mir wurde keine Arbeit übertragen, doch ich suchte mir selbst welche. Ich räumte den Hof auf und machte den Kuhstall sauber. Das Stallgebäude war modern hergerichtet, die Böden betoniert, die Wände massiv gemauert mit Fenstern. Da ließ es sich gut ausmisten. An der Hausecke befand sich draußen das Plumpsklo. Als ich es benutzen wollte, blickte ich in ein Gewirr von Spinnweben, die ich zuerst entfernen musste. Später bekam ich mit, dass die Familie ihre Notdurft hinter Gebüsch, im Stall bei den Kühen oder auf der Weide verrichtete. Na, für mich war das nichts.

Hans fühlte sich zu Hause nicht so recht wohl. Er ging lieber zum Müller und half dort aus. Möglicherweise gefiel ihm des Müllers Töchterchen Anni recht gut. Eines Tages brachte Hans einige Mädchen mit, die auf die fremden Jungs neugierig waren. In der Küche wurde nur belangloses Zeug geredet, gekichert und verstohlene Blicke auf uns geworfen. Ich lernte Anni Weiß, des Müllers Tochter kennen. Sie gefiel mir in ihrer stillen, freundlichen Art. Ich hatte ein Auge auf sie geworfen. Hans hatte noch die Gunda, die Marianne, die Betty und die Gretel mitgebracht. Die Auswahl war groß, auch in diesem kleinen Ort waren die Männer durch den Krieg zur „Mangelware" geworden.

Mutter Alt kochte gut. Täglich gab es ein reichhaltiges und kräftiges Essen. Ich konnte mich immer satt essen. Statt Salzkartoffel gab es Klöße. Vor jedem Mahl wurde das „Vater unser" herunter geleiert, es fehlte die nötige Andacht. Jeder war mit Dingen beschäftigt, die einfach nicht zu einem Dankesgebet passen: Schorsch zog sich die Stallstiefel aus, Mutter Alt hantierte noch am Herd, Vater Alt legte sich sein Taschenmesser zurecht, denn ein anderes Messer benutzte er zum Essen nicht. Ich war der einzige, der still da saß und dem Gebet lauschte, ich wollte mich nicht ablenken lassen.

Nach ein paar Tagen hat die Familie Alt mich bereits als Familienmitglied betrachtet. Ich bot mich immer wieder zur Arbeit an. Doch alle sahen in mir nur den „Studierten". Mein letzter erworbener Dienstgrad „Feldwebel" schien ihnen das zu bestätigen. Deshalb wagte niemand mir Arbeitsaufträge zu erteilen. Auch ohne Hinweise wollte ich beweisen, dass ich mich wie alle anderen nützlich machen konnte. Meine Wochenendarbeiten fanden besondere Hochachtung: Ich stapelte den Misthaufen ordentlich auf dem Hof, schaffte die herumliegenden Geräte an Ort und Stelle, im Kuhstall reinigte ich die Gänge vom Mist, dass man den Stall auch mit Hausschuhen hätte betreten können. Ganz nebenbei sah ich hier eine Möglichkeit für eine Ganzkörperreinigung.

Ich fuhr mit Schorsch öfter auf das Feld, um Grünfutter zu holen. Schorsch dirigierte die Kühe vor dem Wagen die mal links herum, dann wieder rechts herum gelenkt werden mussten. Waren die Tiere zu begriffsstutzig, sprang Schorsch vom Wagen ab und stemmte sich gegen sie, bis sie den richtigen Weg einschlugen. War der Wagen von uns vollgeladen und es ging heimwärts, fanden die Tiere den Weg von allein.

Sonntags war Ruhetag und Kirchentag. Um 6 Uhr gingen die Hausfrauen oder die ältesten Töchter zur Frühmesse in die Kirche. Anschließend bereiteten sie das Mittagessen zu. In dieser Zeit waren dann die anderen Familienmitglieder in der Kirche zur Vormittagsandacht. Ich nahm die Gelegenheit wahr, um den Frauen beim Essen kochen Gesellschaft zu leisten. Diese unverhofften Besuche erfreuten besonders die Töchter, mit denen ich mir die Zeit bis zum Mittagessen vertrieb.

Der Altsche Hof wurde an einer Seite von der Mauer eines langgestreckten Gebäudes begrenzt. In diesem Gebäude befand sich ein Kindergarten. In der Gebäudewand war zum Altschen

Hof hin ein Fenster, aus dem ich öfter Klavierklänge hören konnte. Jemand spielte einfache Kinderlieder. Als ich einmal eine Nonne am geöffneten Fenster erblickte, glaubte ich, sie würde mich ansehen. Daraufhin sprach ich sie an und sie gab mir lächelnd eine Antwort. Ich trat näher und sah unter ihrer Kopfbekleidung ein jugendliches frisches Frauengesicht. Es war die Klavierspielerin und Kindergärtnerin. Mir ist aufgefallen, dass sie bewusst das Gespräch mit mir gesucht hatte, sie stand schon öfter am Fenster und hatte mich heimlich beobachtet. Ich erkundigte mich nach ihrem Namen, es war Schwester Mathildis.

Der Sommer 1945 war sehr heiß. Ich wäre gern irgendwo baden gegangen, aber wo? Hans Alt nannte mir eine Stelle am Mühlenfließ, wo der Bach eine Biegung machte und dort etwas breiter war. An dieser Stelle war er auch zum Schwimmen tief genug. Ich konnte Bubi überreden mitzukommen. Als er ins Wasser stieg, ging er gleich unter. Da ich Rettungsschwimmer war, merkte ich sofort, dass er gar nicht schwimmen konnte. Ich sprang spontan hinterher und holte ihn ans Ufer zurück. Wäre er allein gewesen, er wäre ertrunken.

Hans Alt versuchte schon mehrmals, mich zu überreden, die Tochter vom Metzgermeister näher kennen zu lernen. Sie jedenfalls, so meinte er, wäre nicht abgeneigt. Ich hatte aber nun mal die Anni vom Müller im Sinn, was ich jedoch für mich behielt. Heute ging ich bewusst zur Mühle, in der Hoffnung Anni dort anzutreffen. Ich gab aber vor, Hans zu suchen. Anni trat gerade aus dem Haus, als ich ankam. Sofort sprach ich sie an, sie lächelte, gab nette Antworten und ich fühlte mich ermutigt, sie um ein Treffen zu bitten. Sie lud mich ein, am Sonntag zu kommen, wenn alle in der Kirche sind, da wäre sie mit Kochen dran. Ich sagte zu, ich wollte auf keinen Fall dieses Rendezvous verpassten. Sie musste etwas für mich übrig haben, denn ein Gespräch über die Liebe lehnte sie nicht ab. Auf meinem Rückweg sah ich die hübsche Nonne aus dem Kindergarten wieder am Fenster, und wir grüßten uns von weitem.

Am Sonntag ging ich zu Anni, sie bereitete das Mittagessen zu und erwartete mich bereits. Als ich kam, band sie ihre Schürze ab. Sie trug einen enganliegenden Pullover mit tiefem Ausschnitt. Sie hatte sich für mich so reizvoll gekleidet. Wir waren allein und ungestört, so hat Anni zwischen Kochtopf und Sofa immer wieder die Seiten gewechselt. Als ich ihre gut frisierten schwarzen Haare durcheinander brachte, lachte sie nur und ließ es sich gefallen. Rasch lief sie zu ihren Töpfen, rührte kurz um, kam zurück zu mir und wir schmusten bis sie wieder zum Herd musste. Wir bemerkten nicht, wie rasch die Zeit verging. Die Familie kam bald aus der Kirche. Anni band sich die Schürze um, wurde sittsam und unsere Gespräche führten wir sachlich. Mit einem Kuss verabschiedete ich mich und ging zu Mutter Alt in die Küche. Sie stellte keine Fragen, sie wusste, wo ich war. Den Nachmittag verbrachte ich mit Anni. Wir gingen nicht durch das Dorf, sondern gleich auf dem kürzesten Weg in den Wald. Wir fanden ein schönes Plätzchen, dort ließen wir uns nieder und liebkosten uns. Anni liebt mich! Wir kehrten erst in den späten Abendstunden heim.

Mutter Alt brachte schon öfter zum Ausdruck, dass ich doch in die Kirche gehen sollte. Es ist sogar der Ausdruck „Heide" gefallen. Ich versuchte ihr zu erklären, dass ich kein Katholik bin, sondern der evangelischen Kirche angehörte. Aber um sie zu beruhigen und auch um einen katholischen Gottesdienst kennen zu lernen, versprach ich, mal mitzugehen.

Im Altschen Haus gab es keine Bücher. Mutter Alt hatte mir empfohlen, beim Pfarrer Weiß nachzufragen. Ich begab mich also zu ihm, er empfing mich auch ganz freundlich und hat mich gründlich ausgefragt über meine Herkunft, was ich gelernt habe, wo ich jetzt wohne. Ich sprach viel, bis ich die Gelegenheit fand, mich vorsichtig an das Thema Bücher heranzutasten. Doch mein Anliegen kam ihm befremdlich vor. Er hatte keinerlei Kenntnis von Schriftstellern, Belletristik, Lyrik und dergleichen. Er hörte mir interessiert zu, führte mich zu seinem Bücherschrank, und ich fand nicht ein Buch darin, was mir lesenswert erschien. Ich bekam den Eindruck, dass noch nie ein Frensdorfer mit solch einem Anliegen bei ihm vorgesprochen hatte. Ich ging ohne Buch nach Hause.

Heute leistete ich Kathi Gesellschaft, sie war mit Mittagessen kochen dran. Sie wollte viel über mich, mein Elternhaus und meine Heimat wissen. Ich beantwortete ihre Fragen ausführlich und kam darüber ins Grübeln. Was ist mit meinen Eltern, steht das Haus noch? Was geschah in den letzten Kriegstagen in Storkow, wie verhielten sich die Russen? Fragen, auf die ich keine Antwort hatte. Meine Gedanken gingen auch zu Käte und Gretl. Zu beiden hatte ich keinen Kontakt mehr, weil der Postverkehr nach der Kapitulation eingestellt wurde. Ich hatte Sehnsucht nach beiden. Wie konnte ich Nachricht von ihnen erhalten. Mich plagte die Ungewissheit um sie.

Schwester Mathildis ließ sich wieder einmal am Fensterchen sehen. Ich ging zu ihr und wir plauderten miteinander. Als aber Paul Alt den Hof betrat, verschwand sie rasch. Erst als er fort war, kam sie wieder ans Fenster. So verlief unser Gespräch dreimal am Tag. Ich glaube, ich könnte mich in sie verlieben. Ob sie sich wohl aus dem Kloster entführen ließe?

Am nächsten Kirchgang erfüllte ich mein Versprechen und begleitete die Familie zur Messe. In der Kirche herrschte eine strenge Sitzordnung. Die ledigen Herren begaben sich auf die linke Empore. Im Kirchenschiff saßen rechts die Frauen, links die Männer, und die Kinder hatten dicht am Altar Platz genommen. Pfarrer Weiß spulte seine Predigt wie gewohnt ab, monoton und langweilig. Die Kinder tauschten flüsternd vor dem Altar Bilder aus, neben mir reparierte Hans Alt seine Taschenuhr und andere spielten versteckt Karten. Nur die Frauen und Männer unten im Kirchenschiff schienen andächtig zu lauschen. Für mich stand fest, ein zweites Mal gehe ich nicht mehr zum Gottesdienst.

In den nächsten Tagen sollte es Bezugsscheine für Textilien geben. Über Gretel erfuhr ich, dass ich einen Bezugsschein für einen Anzug erhalten soll. Ich konnte es nicht glauben.

Im Dorf kannte man mich bereits, vor allem die Mädchen. Heute waren es gleich sechs, die mich auf meinem Zimmer besuchten. Bubi war auch anwesend. Die Mädchen wollten mit uns tanzen, sie bestürmten uns derart, dass wir nachgaben. Musik gab es nicht, deshalb sangen wir und versuchten mit ihnen ein paar Tanzschritte. Wir hatten sehr viel Spaß, ich musste aufpassen, dass sie mich nicht verführten.

Ein Soldat kam vorbei, er war aus der Gefangenschaft entlassen und wollte nach Berlin. Ich gab ihm einen Brief an meine Mutti mit, er wollte ihn nach Storkow weiterleiten. Ich wusste nicht einmal, ob meine Mutti noch lebte. Ich dachte viel an meine Lieben in Storkow.

Immer öfter kamen jetzt Soldaten durch Frensdorf, die aus englischer oder amerikanischer Gefangenschaft entlassen wurden. Sie waren alle in der russischen Besatzungszone zu Hause. Immer wieder gab ich Karten mit, die sie einstecken sollten, sobald sie die Grenze zur russischen Besatzungszone überschritten hatten. An Gretl Pudel konnte ich nicht schreiben, ihre Heimat war von den Tschechen besetzt.

Inzwischen hatte ein Schneider meine schwarze Uniformjacke zu einem zivilen Kleidungsstück umgeändert. Ich war begeistert von der Jacke, sie sah richtig schmuck aus. Die Kosten beglich Mutter Alt.

Meine Wochenendarbeit hatte ich beendet, im Hof hatte ich alle herumliegenden Geräte weggestellt dann den Hof geharkt. Den

Gang im Kuhstall hatte ich blitzblank gescheuert. Mutter Alt lobte mich für den ordentlich aufgeräumten Hof und die Arbeit im Stall, Vater Alt brubbelte etwas vor sich hin, was ich nicht verstand. Zur Krönung des Tages holte ich mir die größte Wanne aus dem Haus, stellte sie im Kuhstall auf den sauberen Gang und füllte sie mit Wasser. Dann nahm ich mir ein Handtuch und Seife und verkündete laut in der Küche, dass ich jetzt im Kuhstall ein Bad nehmen werde. Niemand reagierte auf meine Ankündigung, nur Kathi lächelte mir zu. Die anderen werden wohl gedacht haben, der spinnt. Ich schrubbte mich vergnügt von oben bis unten ab. Danach fühlte ich mich wie neugeboren. Da bei den Alts kein Bad vorhanden war, habe ich Kathi geraten, ebenfalls mal im Stall ein Wannenbad zu nehmen. Sie lächelte mich bloß an.

Mit Paul Alt kam ich immer weniger gut aus, sein Hass auf die Preußen war unverkennbar. Alles, was in Deutschland schief ging, hat er den Preußen in die Schuhe geschoben. In seinen Augen waren nur die Bayern die „Elitedeutschen" und somit unfehlbar. Seine Äußerungen strotzten nur so von Geschichtsfälschungen. Ich konnte mir sein Geschwätz kaum noch anhören, vermied aber jedes Streitgespräch mit ihm. Die Alts erwiesen mir in meiner Lage viel Gutes, ich durfte nicht undankbar sein. Doch als er auch noch die Preußen für den Krieg verantwortlich machte, konnte ich mich nicht mehr zurück halten. Ich wies ihn auf die österreichische Herkunft von Hitler hin und auf den Anfang seiner Partei in Bayern, auf den Marsch zur Feldherrenhalle in München, und auf die Parteitage in Nürnberg. Dann schwieg ich erst mal und Paul Alt erst recht.

Bubi und ich unternahmen manchmal kleine Spaziergänge durch das Dorf. Der Weg führte uns auch an die Dorfkneipe vorbei, ein Fenster stand auf und laute Gespräche drangen zu uns auf die Straße. In dem Stimmengewirr konnte ich nicht verstehen, worüber sich die Männer unterhielten. Ich hörte nur den Pfarrer

Weiß sehr lebhaft reden, die anderen am Tisch hörten auch zu, ganz anders als in der Kirche damals. Jeder hatte sein Maß Bier vor sich, da ließ es sich gut über Gott und die Welt diskutieren. Ich konnte mir jetzt lebhaft vorstellen, woher Vater Alt seine „Weisheiten" über Preußen hatte.

Mit Anni hatte ich wieder einen schönen Waldausflug unternommen. Und meine kleine Nonne ließ sich ebenfalls nach längerer Zeit am Fenster sehen und grüßte mich freundlich. Ich ging zu ihr und wir hielten ein kleines Schwätzchen ab. Ich konnte es nicht verstehen, weshalb so eine hübsche und lebensfrohe junge Frau ins Kloster gehen kann. Sie gefiel mir sehr, ob auch ich ihr gefallen könnte?

Schorsch musste Sonnenblumen für die Kühe holen. Ich fuhr mit, und Schorsch lenkte den Wagen. Auf dem Feld mähte Schorsch die halbreifen Sonnenblumen ab und ich türmte sie auf den Wagen bis nichts mehr rauf passte. Dann ging es heimwärts, die Kühe kannten ihren Weg, deshalb setzte ich mich oben auf den Berg mit dem Grünfutter. Plötzlich zogen die Tiere den Wagen an, dieser kam unversehens in eine Schräglage und kippte um. Ich rutschte von meinem Hochsitz runter, wurde von den Sonnenblumen eingedeckt und versuchte nun, mich zu befreien. Schorsch kam mir zu Hilfe. Als er mein Gesicht von den Sonnenblumen eingerahmt sah, fing er plötzlich an zu lachen, und ich musste mitlachen. Gemeinsam stellten wir den Wagen auf seine vier Räder und brachten ihn und die Kühe bis zur Straße. Hier konnten wir beide oben Platz nehmen und nach Haus kutschieren. Die Kühe wussten, wo ihr Stall stand.

Bei den Landwirten begannen die Vorbereitungen für die Herbstbestellungen auf den Äckern. Die Sommerhitze hatte die Lehmböden so ausgetrocknet, dass sie hart wie Stein waren. Schorsch und ich gingen mit Hämmern los, um die Brocken zu zerkleinern. Eine Egge ließ sich sonst nicht über die Krume ziehen.

Die Bauern zählten zu den Selbstversorgern und bekamen keine Brotmarken. Ich erhielt ebenfalls keine, da ich der Familie Alt angehörte. Im Haus setzten die Frauen den Sauerteig für Brot an. Der Teig musste gehen, bevor die runden Brote in den Backofen kamen. Nach den Broten buk Mutter Alt ihren allseits beliebten Zwiebelkuchen. Ich konnte mich nicht für diese Spezialität begeistern, die Familie um so mehr.

Meine wöchentlichen Ganzkörperwaschungen hatten Kathi doch neugierig gemacht. Sie wollte es mir gleichtun, und ich bot ihr an, die Badewanne vorzubereiten. Am Samstagabend, als ich die Reinigungsarbeiten im Stall erledigt hatte und der Boden sauber gescheuert war, wusch ich mich zuerst bevor ich für Kathi die Wanne mit frischem Wasser füllte. Sie lächelte mir verschmitzt zu, als ob sie mich zum Bleiben auffordern wollte. Ich zog es doch lieber vor, sie allein zu lassen und ging in die Küche zu den anderen. Nach geraumer Zeit kam sie freudestrahlend in die Küche und bestätigte mir, dass dieses Bad eine richtige Wohltat war. Na, also!

Tag für Tag verging, ohne dass sich für meine Zukunft etwas Entscheidendes bewegte. Über fünf Monate bin ich nun ohne Nachricht von zu Hause. Ich mache mir große Sorgen um meine Mutti. Jede Phase ihres Lebens lebte sie für mich. Ihre vielen Briefe und Päckchen, die ich als Soldat erhielt, sind dafür ein Zeugnis. Ihre gut gemeinten Ratschläge hörte ich mir immer gern an, befolgte sie selten. Ich bewahrte mir stets ein Stück meiner Selbständigkeit. Ich hoffte jeden Tag auf ein Lebenszeichen von ihr. Sie fehlte mir sehr. Ich wusste nicht, ob ich in Storkow sicher wäre oder vielleicht doch wieder inhaftiert würde. Und wieder gab ich einem unbekannten Heimkehrer in die russische Zone einen Brief an meine Mutti mit. Bisher kam noch keine Antwort zurück.

Ein zweites Mal ging ich in die Kirche. Ein evangelischer Gastprediger sollte für die vielen protestantischen Flüchtlinge einen Gottesdienst abhalten. Die Kirche war ungewöhnlich voll, Es hatten sich viele der katholischen Frensdorfer eingefunden, die neugierig auf eine evangelische Predigt waren.

Mutter Alt sah in mir stets „den Studierten". Sie wollte unbedingt, dass ich mich hier nach einen Beruf umsehen sollte, der meinen Fähigkeiten entsprach. Ich spürte sehr schnell, hinter dem „umsehen sollen" stand die Meinung vom Vater Alt. Er selbst schickte immer seine Lisel vor, wenn es um brenzlige Angelegenheiten ging. Ihm schien mein Aufenthalt auf seinem Hof etwas zu lange zu dauern. Mutter Alt hingegen schien eine etwas übertrieben hohe Meinung von meiner Bildung zu haben. Ich sah das anders. Was wusste und konnte ich denn im zivilen Bereich? Da waren meine Kenntnisse eher mangelhaft. Das bisher erworbene Wissen als Soldat konnte ich weder vertiefen noch erweitern und erst recht nicht anwenden. Das wollte ich auch nicht mehr. Mein Traum vom Soldatenleben war zerplatzt. Mit Bubi diskutierte ich oft über die Möglichkeiten, die uns als Beruf noch zur Verfügung standen. Mir fehlte eine richtungsweisende Zielstellung. Ich fühlte mich oft, als hätte ich den Boden unter den Füßen verloren. In der gegenwärtigen Situation war ich nicht in der Lage, die Initiative zu ergreifen. Mein Drang nach Hause stellte alles andere in den Hintergrund. Auch wenn Mutter Alt immer wieder betonte, dass ich bleiben dürfte, bis sich für mich eine Gelegenheit ergeben würde, Arbeit zu finden oder heim zu fahren.

Die Sonntage vergingen immer viel zu schnell, speziell die Vormittage, die ich wie im Rausch mit Anni verbrachte.

Mitte Oktober mistete ich immer noch auf dem Altschen Bauernhof den Kuhstall aus. Eines Tages suchte Kathi mich dort auf:

„Du hast Post, rate mal, von wem“, ich nannte einige Namen, keiner war richtig. Ich hatte nicht geglaubt, dass ich doch noch Post aus Storkow erhalten würde. Es erschien mir unvorstellbar, dass die Post über die Zonengrenze hinaus befördert wurde. Dann rief Kathi: „Post von zu Hause!“ Ich entriss ihr den Brief und erkannte die Handschrift meiner Mutti.

Nach dem Abendessen zog ich mich auf mein Zimmer zurück, um mit dem Brief und meinen Gedanken allein zu bleiben. Das Haus stand noch, der Vater war aus Bayern heimgekehrt, mein Bruder Herbert ging wieder in die Schule, Käte lebt, ihr Vater war gefallen. Dies waren die ersten Nachrichten, die ich von zu Hause erhielt. Mich beruhigten diese Mitteilungen, ich wusste nun, dass Mutti sich unsagbar glücklich fühlte, weil Vati wieder bei ihr war und ich in Freiheit bei freundlichen Menschen lebte. Weitere Nachrichten trafen ein, oft auch doppelt, weil niemand sicher war, ob die Post nicht doch mal verloren ging. Käte korrespondierte mit Mutti, hielt Kontakt zur Familie. Ich hoffte, auch bald mit Käte Briefe wechseln zu können. Nun ließ ich mir Zeit mit meiner Heimfahrt, da ich wusste, zu Hause ist alles in Ordnung. Ich suchte nach einer passenden Gelegenheit, in die russische Besatzungszone zu gelangen, ohne dass ich gleich als ehemaliger Wehrmachtssoldat erkannt wurde. Die Nachrichten, die Heimkehrer aus der russischen Zone mitbrachten, waren nicht sehr ermutigend. Das schlimmste war aber die Hungersnot in der Bevölkerung. Obwohl es mir hier gut ging, ich wollte nach Hause.

Nachts dachte ich über mein Leben in Frensdorf nach. Kathi war sehr verführerisch. Meine kleine Nonne konnte ich täglich in ihrem Kloster sehen, ich hätte sie gern aus ihrem „Gefängnis“ befreit und entführt. Annis Liebe verwirrte mich, erwartete sie doch, dass ich um ihre Hand anhielt. Frau Weiß hätte nichts dagegen, sie mochte mich. Ich müsste dann in Frensdorf bleiben, in die Mühle umziehen und… nein, das waren nicht meine Träume für die Zukunft! Und außerdem, wie hätten wir uns in unserem Glauben geeinigt? Der Glaube kann auch die Liebe töten!

Käte, Gretl, wo seid ihr? Ihr fehlt mir! Mit euch möchte ich Zukunftspläne schmieden, bei euch steht das Gespräch an erster Stelle, dann erst kommt das Küssen. Der Krieg hat euch eine harte Schule gebracht. Ich kann euch nicht vergessen, ich bin mit meinen Gedanken immer bei euch. Ich liebe euch!

Beim nächsten Treffen mit Anni werde ich ihr klipp und klar sagen, dass sie sich keine falschen Hoffnungen machen soll.

Im Dorf spielten die jungen Männer gern Fußball. Eine Mannschaft aus einem anderen Ort forderte die Frensdorfer zu einem Wettkampf auf. Ich war als Stürmer dabei. Für mich völlig ungewohnt war, dass die Spieler sich die Erlaubnis vom Pfarrer einholen mussten. Dieser entschied dann, ob gespielt werden durfte oder ob ein Kirchgang wichtiger war. Vom Fußballverein „Falke Römerdorf" war der Pfarrer sogar Vorsitzender des Vereins.

In den letzten Wochen ging ich mit Bubi und Kathi oft nach Hermsdorf zum Tanz. Kathi zeigte mir den Walzer und brachte mir den Tango bei. Der Tanzsaal war jedes mal voll, es bestand bei allen ein großes Verlangen, nach dem Krieg sich auf dem Tanzboden auszutoben. Noch herrschte ab 23 Uhr Ausgangssperre, die auch eingehalten wurde.

Am Sonntagvormittag ging ich mit dem festen Vorsatz zur Mühle, die Liaison mit Anni zu beenden. Sie hatte mich bereits erwartet, ohne Kittel, in ihrem weit ausgeschnittenen engen Pulli. Sie begrüßte mich wild und stürmisch, doch ich hielt mich zurück. Ich musste doch heute das Gespräch über meine Zukunftspläne mit ihr führen, die für sie ganz sicher eine herbe Enttäuschung sein werden. Zuerst habe ich sie nach ihren Plänen gefragt, sie druckste herum und fragte ihrerseits nach meinen Plänen. Ich versuchte wortreich, ihr meine Bedenken über eine gemeinsame Zukunft mit ihr klar zu machen. Da sie schwieg, berichtete ich ihr von meiner Absicht, zu meinen Eltern heimzukehren. Sie widersprach nicht, versuchte auch nicht, mich zurück zu halten. Sie wurde mir gegenüber sichtbar kühl und ging in die Küche zu ihren Kochtöpfen. Ich folgte ihr und umarmte sie, sie reagierte nicht, ließ es sich nur gefallen. Sie tat mir unendlich leid und ich versuchte ihr das Versprechen zu entlocken, dass wir doch gute Freunde bleiben können. Keine Antwort, sie zeigte auch keine Reaktion, als ich mich für ihren nächsten Kochsonntag anmeldete. Mir blieb nichts weiter übrig, als mich mit einem Kuss auf ihren Nacken zu verabschieden.

Ich hielt mich ab jetzt häufiger bei Kathi auf, wenn sie mit der Zubereitung des sonntäglichen Mittagessens dran war. Von ihr lernte ich nicht nur das Tanzen, sondern auch, wie Klöße zubereitet werden oder wie der Zuckersirup gekocht wird.

Die Nachrichten von zu Hause hatten mich dazu angeregt. Dort war das Essen knapp und der Hungertyphus entsetzlich. Mutti hoffte, dass hier die Chancen für meine Zukunft besser wären. Ich sollte doch noch bleiben, riet sie mir. Ich sah das aber anders, eine berufliche Zukunft gab es für mich hier genau so wenig wie in Storkow.

Für mich ging mit der Kapitulation Deutschlands ein Lebensabschnitt zu Ende. Meine Karriere als Sportlehrer bei der Wehrmacht war schlagartig vorbei. Bisher hatte ich mir in den turbulenten Nachkriegswochen darüber keine Gedanken gemacht. Doch jetzt verharrte ich in Frensdorf etwas ziellos und überbrückte die Zeit mit Arbeiten auf dem Bauernhof bei der Gastfamilie Alt. Die Nachrichten aus Storkow weckten die Sehnsucht nach der alten Heimat. Ich zog mich immer zeitiger abends in mein Zimmer zurück, um allein über meine Zukunft nachzudenken.

Heute las ich in der Zeitung, dass die Post auch grenzüberschreitend in ganz Deutschland ab dem 2. November 1945 funktionieren soll. Nur zu Gretl Pudel ging noch keine Post. Ich wartete täglich auf Briefe, um zu erfahren, wie sie das Kriegsende erlebten. Sogar von Käte kam ein verspätete Brief an, der am 15. Oktober einem Unbekannten mitgegeben wurde, der ihn in Bayern einsteckte. Sie hielt nach dem Tod ihres Vaters zu meiner Mutti guten Kontakt und erfuhr so über sie, wie es mir erging.

Abschied und Heimkehr

Am 17. November 1945 las ich im Dorf einen Anschlag am Brett, dass diejenigen, die in der sowjetischen Besatzungszone zu Hause sind, aufgefordert werden, sich zwecks Rückkehr in ihre Heimat bis zum 24.11.1945 zu melden haben. Ich meldete mich beim Bürgermeister an und erfuhr, dass am Sonntag, dem 25.11.1945 und am Dienstag, dem 27.11.1945 Heimkehrerzüge von Bamberg in die sowjetische Besatzungszone fahren sollten. Ich zögerte nicht lange und ließ mich für den Dienstag eintragen.

Mutter Alt kümmerte sich rührend um Zivilkleidung für mich. Da ich ebenfalls wie ein Familienmitglied Bezugsscheine für Textilien und Schuhe bekam, besorgte sie das nötige. Sie bezahlte das alles von ihrem „Küchengeld“, was Vater Alt aber nicht wissen durfte. Ich fing an, meine privaten Angelegenheiten zu ordnen. Ich bat Bubi, meinen Eltern in Storkow die Abfahrtszeit meines Zuges brieflich mitzuteilen. Noch rechnete ich mit einer erneuten Inhaftierung durch die Russen, ich traute ihnen nicht. Auch sollte er mir meine Post nachsenden. Bei Kathi hinterließ ich einen Karton mit Sachen, die ich nicht mitschleppen konnte. Am Sonntag vor meiner Abfahrt ging ich mit Kathi ein letztes mal zum Tanzen, es war unser Abschied, der schönste Tanzabend, den wir beide hatten.

Meine Sachen waren gepackt, der erste Schnee fiel. Am Abend machte ich meine Abschiedsrunde.

Anni hatte ich in den letzten Wochen nicht mehr gesehen, sie war unnahbar, tat, als wäre zwischen uns nichts vorgefallen. Frau Weiß, nett wie immer, gab mir Mehl mit. Trotz Annis ablehnender Haltung, ich werde ihr schreiben.

Der letzte Abend bei Alts, die letzte Nacht im fremden Bett. Kathi hatte mir aufgelauert und rief mich leise in ihr Zimmer. Ich folgte ihrer Bitte, obwohl mir doch etwas beklommen war. Am letzten Abend wollte ich nicht Mutter Alt enttäuschen, die mir sehr zugetan war. Sie hat mich wie ihren eigenen Sohn behandelt. Ich betrat auf leisen Sohlen Kathis Zimmer, heute quietschte die Tür nicht einmal.

Im gedämpften Licht nahm ich ganz kurz ihre nackte Gestalt wahr, mit ihren langen blonden Haaren über der Schulter, dann löschte sie das Licht, bat mich leise, näherzukommen. Kaum stand ich an ihrem Bett, als sie hemmungslos mich zu sich zog und ihrer wochenlang aufgestauten Liebe freien Lauf ließ. Mit Tränen benetzten Wangen gestand sie mir mit lieben Worten, was sie für mich fühlte. Ich war sprachlos, nur für einen kurzen Moment, immerhin war sie 5 Jahre älter als ich. Dann übermannten mich auch meine Gefühle.... Gewaltsam musste ich mich loslösen. Uns blieben nur die Briefe, die wir uns schreiben wollten.

Früh am Morgen habe ich mich von Kathi, Schorsch und ihren Eltern verabschiedet. Kathi weinte. Hans und Bubi begleiteten mich nach Bamberg. Der Heimkehrerzug fuhr mit 3 Stunden Verspätung ab. Meine beiden Kameraden leisteten mir bis dahin Gesellschaft. Ich erinnerte Bubi noch mal daran, meinen Eltern die Abfahrt des Zuges mitzuteilen.

Um 13 Uhr verließ der Zug gemächlich den Bahnhof von Bamberg. Nachts erreichten wir im Schneckentempo, aber ohne Zwischenfall die Sektorengrenze in Hof. Hier mussten wir den Zug verlassen. Dort führte man uns in ein Barackenlager mit Schlafräumen.

Wir hatten ärztliche Betreuung und bekamen ein ordentliches und reichliches Essen und erhielten Verpflegung für unterwegs. Mittags fuhr ein Zug mit uns weiter, es wurde gesagt bis Dresden.

Zurück in die Heimat

Storkow – meine alte neue Heimat

Der Zug hielt in Oelsnitz, wir mussten aussteigen. Jetzt befanden wir uns in der sowjetischen Besatzungszone. Männer in Zivil mit einer roten Armbinde führten uns in eine Baracke. Wir Heimkehrer stellten fest: hier haben die Kommunisten das Sagen, also aufpassen und Schnauze halten! In der Baracke lagen Strohsäcke für die Nacht auf hölzernen Doppelstockbetten. Ich gehörte zu einer kleinen Gruppe von ehemaligen Soldaten, die sich unterwegs angefreundet hatten. Wir blieben auch in der Baracke zusammen. Ich belegte ein oberes Bett, meinen Rucksack stets im Blickfeld. Liebenswerte Menschen in Flensdorf haben ihn mir gebracht für zu Hause. Am 30. November wurde bekannt gegeben, dass ein Flüchtlingstransport eintrifft, mit dem wir weiterfahren können nach Dresden. Unserem kleinen Soldatentrupp kam die Meldung „spanisch“ vor. Wir beschlossen, nicht mitzufahren. Statt dessen gingen wir zum Bürgermeister von Oelsnitz.

Von ihm ließen wir uns eine Bescheinigung ausstellen, dass wir uns auf der Heimreise befanden. Auf dem Bahnhof lösten wir Fahrkarten nach Dresden. Wir stiegen in einen Personenzug ein, der an jeder Station anhielt. Es stiegen nur wenig Leute ein und aus. An einem Ort stiegen drei junge Männer ein, sie trugen russische Militärjacken, wollten wohl als Russen in Erscheinung treten. Sie forderten in ungebührlicher Form Uhren und Gepäck von uns. Sie bedrohten uns, zerrten an unserer Kleidung und erhoben gegen uns ihre Fäuste. Das ging uns doch zu weit! Wir packten sie und warfen sie unliebsam zur Abteiltür hinaus. Der Zug war bereits im Fahren, sie fielen auf den Bahnsteig und wir waren sie los.

Meine Fahrt setzte ich allein von Dresden weiter im Eilzug fort nach Senftenberg und von dort nach Großräschen. Hier war mein erster Aufenthalt bei Kätes Familie. Mutter Hoepstein öffnete und rief nach unserer Begrüßung Käte aus dem Keller. Sie kam hoch geeilt und fiel mir um den Hals. Ich blieb zwei Tage, an denen wir Zukunftspläne schmiedeten. Käte musste nach Senftenberg zum Gymnasium, sie holte ihr Abitur nach. Die Schule war während des Krieges geschlossen. Ich machte mich auf den Weg nach Storkow. Bis Lübbenau fuhren noch Personenzüge, dann war eine Weiterfahrt nur noch mit Kohlenzügen möglich. Es war äußerst riskant mit dem schweren Rücksack einen Kohlenwaggon zu besteigen. Das ging auch nur, wenn er mal anhielt. Die Fahrt auf dem losen Kohlenberg war dann genau so gefährlich, weil an beiden Seiten der Bahngleise Menschen mit Harken standen. Sie haben sich Kohlen vom Zug runter geharkt und eingesammelt. Da ich nicht der einzige Fahrgast oben auf dem Kohlenberg war, stellte ich fest, dass dieser Diebstahl von allen geduldet wurde.

Man musste nur aufpassen, dass sich die Harke nicht mal in einem Gepäckstück verhakte oder am Mantel hängen blieb. In Königs Wusterhausen war auch diese Fahrt vorbei. Leider gab es auch keine Möglichkeit, überhaupt noch mit der Bahn weiter zu kommen. Zum Glück fiel mir meine Tante „Ila" ein, die in Königs Wusterhausen wohnte. Auf gut Glück ging ich zu ihr und traf sie auch an. Sie nahm mich für die Nacht auf.

Ein Milchwagen würde vom Bahnhof täglich früh in Richtung Wolzig fahren meinte sie, da könnte ich mitfahren. Ich wartete vergebens, endlich fand ich doch noch jemanden, der mich nach Friedersdorf mitnahm. Den Kutscher entlohnte ich mit den geforderten 3 Mark. Die letzten 13 km wollte ich zu Fuß gehen. Kurz vor Wolzig kam ein offener Lieferwagen. Ich hielt ihn an, und er fuhr tatsächlich nach Storkow. Ich sagte ihm wo ich hin wollte und nannte meinen Namen. Er stellte sich ebenfalls vor, es war der Zimmermann Ring aus Storkow. Unterwegs berichtete er über meine Familie, über Storkow, über die kaputten Häuser und noch vieles mehr.

Hinter dem Ausläufer der Türkenberge erblickte ich die Wiesen und Äcker vor Storkow. Im Hintergrund kam die Silhouette vom zerschossenen Kirchturm in Sicht. Je näher ich der Stadtgrenze kam, um so größer wurde die Spannung in mir. Als Junge wusste ich, das an einer bestimmten Stelle von der Straße her unser Haus zu sehen war. Diese Stelle hatte ich nun erreicht, und ich sah das Haus unverändert, so wie früher. Der Giebel mit dem großen Fenster und das Dach konnte ich sehen. Ein Glücksgefühl machte sich in mir breit. Wer von meinen Lieben wird zu Hause sein? Den Rest des Weges ging ich zu Fuß.

Endlich zu Hause! Mit 15 Jahren verließ ich die Familie, um in meinen Traumberuf einzusteigen. Als junger Mann kehrte ich gereift mit 20 Jahren zurück. In diesen 5 Jahren habe ich erfahren, wie die Wirklichkeit in meinem „Traumberuf" aussah. Nun bin ich froh, dass der Krieg meine Familie und mich verschont hat, unser Haus noch steht und ich mir mit meiner Käte eine eigene Familie aufbauen kann. Ich stehe wieder am Anfang, werde mir ein neues Ziel setzen.

Von der Querstraße bis zum Haus hatte ich nur ein paar Meter durch den Garten. Als ich die Tür öffnete sah ich meine Mutter und sie sah mich! Unsagbare Freude überwältigte uns. Tränenüberströmt rief sie: „Gerd, du?", wir fielen uns in die Arme. Mein Vater und mein Bruder kamen hinzu, waren augenblicklich ebenso tief bewegt und umarmten mich. Der Moment der Heimkehr war schöner noch als der Abschied als ich unbeschwert das Haus verließ.

Es gab viel zu erzählen. Mit mir war die Familie wieder vereint. Vater war bereits im August aus der französischen Gefangenschaft heimgekehrt. Meine Mutter hatte mit meinem Bruder Herbert den Krieg in Storkow überlebt. In den letzten Kriegstagen nahmen die Russen Storkow massiv unter Beschuss. Von einem Panzergeschoss wurde unser Haus beschädigt. In der Hauswand entstand ein großes Loch, die Küche dahinter wurde zerstört und die Türen fielen aus den Angeln. Vater hatte mit Herbert die Schäden notdürftig beseitigt, so dass sie im Haus beruhigt wohnen konnten.

Auf Arbeitssuche

Nach meiner Ankunft musste ich mich in Storkow anmelden, Ich zog meine grüne Militärhose und meine schwarze Panzeruniformjacke an. Da es recht kalt war trug ich meinen braun eingefärbten Militärmantel darüber. In Frensdorf hatte mir ein Schneider die Militärsachen zu Zivilkleidung umgearbeitet. Trotzdem war für ein geübtes Auge der Uniformschnitt deutlich erkennbar. Mit meinen Entlassungspapieren ging ich durch die Stadt, um die erforderlichen Anmeldungen bei der Polizei, dem Arbeits.- und Ernährungsamt zu erledigen.

Ich musste in die Innenstadt, als mir in der Fürstenwalder Straße eine Kolonne deutscher Kriegsgefangener entgegen kam. Sie wurden von ein paar russischen Soldaten mit Maschinenpistolen begleitet. Mir blieb vor Schreck fast das Herz stehen! Augenblicklich befürchtete ich, dass die Soldaten an meiner Bekleidung mich als entflohenen Gefangenen verdächtigen und mich in die Marschkolonne zu den Häftlingen eingliedern könnten. Was sollte ich tun, mich verstecken? Schnell verschwinden? Ich war wie gelähmt. Die Kolonne zog schweigend vorüber und die Soldaten würdigten mich keines Blickes. Erleichtert atmete ich auf.

Über die Kanalbrücke erreichte ich die Altstadt und sah die meisten Häuser in Trümmern liegen. Die Altstadtschule stand noch, hier bin ich eingeschult worden.

Ich entdeckte ein Straßenschild, es war durchgestrichen, darunter stand auf einem Holzbrett der Name „Berlin" in kyrillischer Schrift.

Häuser waren zerbombt

Für die russischen Besatzer ein bedeutsames Hinweisschild.

Ich sah die Storkower Kirche in Trümmern liegen. Den ersten Bombenangriff hatte ich selbst miterlebt. Ich sah und hörte die Bombe fallen, aber es kam keine Explosion. Ein Blindgänger dachte ich, und so war es auch.

Die Kirche lag gänzlich in Trümmern

Ich kam am Markt zur Stadtverwaltung und zur Dienststelle der Ortspolizei. Hier meldete ich mich zuerst an. Der Polizeichef, Herr Thierauf nahm persönlich meine Anmeldung entgegen. Wohlbeleibt saß er hinter seinem Schreibtisch und studierte ausgiebig meine Entlassungspapiere aus der amerikanischen Gefangenschaft. Dann kam seine Frage nach meinem letzten Dienstgrad als Soldat. Ich antwortete: „Unteroffizier". Daraufhin fing er an, mich hinsichtlich meiner Dienstzeit in der Wehrmacht zu beleidigen und zu erniedrigen. Ich schwieg dazu, aber innerlich kochte ich vor Wut. Ich nahm meinen Entlassungsschein wieder an mich und verließ grußlos sein Dienstzimmer. Die Anmeldungen in den anderen Ämtern erfolgten dann sachlich und ohne Kommentare.

Ich war wieder ein Storkower Bürger, ohne Beruf und ohne Arbeit. Diese brauchte ich aber, um eine Lebensmittelkarte zu erhalten mit einer höheren Zuteilung.

Ich wurde auf dem Arbeitsamt vorstellig, habe nach Arbeitsmöglichkeiten für mich gefragt. Als Hilfsarbeiter konnte ich bei einem Zimmermann anfangen. Herr Miethke war Meister in seinem Fach und nun mein Chef. Er teilte mich dem Zimmermann Merker zu und ich konnte gleich anfangen. Unsere Aufträge betrafen zuerst die zerschossenen Dachstühle, die von uns ausgebessert wurden. Von hier oben erregte ein Sammelplatz von Panzern meine Aufmerksamkeit. In Richtung Hubertushöhe standen in der Nähe vom Bahnübergang zerschossene oder unbrauchbar gemachte Panzer verschiedener Typen. Sie sollten mit einem Schweißbrenner zertrennt werden.

Nachdem ich bezahlte Arbeit hatte, widmete ich mich der Suche nach einer Ausbildung, die meinen bescheiden gewordenen Wünschen entgegen kam. In der Stadt las ich die vielen Bekanntmachungen und stieß eines Tages auf eine, die meine Aufmerksamkeit erregte: Gesucht werden Neulehrer. Interessenten können sich beim Schulrat in Beeskow melden. Ich war wie elektrisiert! Das war doch genau das, was ich wollte.

Ich fuhr nach Beeskow. Die Züge fuhren noch nicht durch, den zerstörten Viadukt musste ich zu Fuß überwinden. In Beeskow suchte ich den Schulrat, Herrn Dr. Lütke, auf. Nach einem kurzen, sehr persönlich geführten Gespräch, hielt er mich für den Lehrerberuf geeignet. Das letzte Wort hatte aber der Oberschulrat in Bernau. Dr. Lütke setzte ein Empfehlungsschreiben auf. Ich sollte geduldig auf Post aus Bernau warten. Ich kehrte froh an meinen Arbeitsplatz zurück und besserte als Hilfsarbeiter weiter die Dachstühle in Storkow aus, gemeinsam mit dem Zimmermann Merker.

An den Wochenenden ging ich mit meinem Vater oder meinem Bruder los, um ein paar Lebensmittel zu ergattern. Meist gab es nur Absagen, die Bauern hatten selbst kaum Vorräte. Sie galten als Selbstversorger, bekamen deshalb auch keine Lebensmittelkarten. Vor Weihnachten schickte mein Vater mich nach Alt Stahnsdorf zum Bäcker Planck, den er persönlich kannte. Ich sollte um ein Brot für uns bitten. Ich nahm meinen ausgehungerten Bruder mit, vielleicht hat Bäcker Planck mit ihm Mitleid und wir bekämen ein Brot. Wir machten uns zu Fuß auf den Weg. Als wir die Kreuzung nach Alt Stahnsdorf hinter uns gelassen hatten, sah ich am Straßenrand viele deutsche Soldatengräber. Das bedrückte mich sehr. Schweigend gingen wir unserem Ziel entgegen. Ich trug dem Bäckermeister die Grüße meines Vaters auf und bat um ein Brot. Wir wurden nicht abgewiesen, im Gegenteil. Der Bäcker verschwand in seine Backstube und kam kurz danach zurück mit einer Tüte Mehl, drei etwas angebrannten Broten und einer Tüte mit Keksen. Eine Bezahlung lehnte er ab. Wir sollten unseren Vater schön grüßen, mehr brachte der schweigsame Bäckermeister nicht über seine Lippen. Auf dem Rückweg verließen meinem Bruder mehrmals die Kräfte, wir legten dann eine Pause ein und ich gab ihm von den Keksen zu essen. Ziemlich erschöpft kamen wir zu Hause an. Über unsere erhaltenen Backwaren freuten wir uns, so hatten wir für ein paar Tage zusätzlich zu den schmalen Rationen von den Lebensmittelkarten zu essen, das war besonders für Herbert wichtig.

Auf dem Nachbargrundstück konnten wir vor dem Frosteintritt emsiges Treiben beobachten. Tiefe Gruben wurden ausgehoben für einen Soldatenfriedhof. Die gefallenen russischen Soldaten wurden eingesammelt, in einfache Kisten aus Schalbrettern gelegt und auf LKW's zum eigenen Friedhof gefahren. Hier lud man die Kisten ab und versenkte sie in die Gruben. Diese Arbeiten verrichteten Deutsche, man sprach von ehemaligen Naziananhängern. Nur ein Sowjetsoldat überwachte die Transaktion. War eine Grube mit neben.- und übereinander gestapelten Kisten gefüllt, wurde sie mit Sand zugeschüttet. Mit meinem Vater stand ich am Fenster und schaute diesen Arbeiten zu. Wir stellten uns unweigerlich die Frage: Was ist der Mensch Wert? Die Antwort ergab sich aus dem, was wir vor uns vom Fenster aus sahen.

Ausbildung zum Neulehrer

Die erste Nachkriegsweihnacht war da. Das Schützenhaus war verschlossen, deshalb schmückte jetzt unser kleines Wohnzimmer das traditionelle Tannenbäumchen. Wir hatten keine Geschenke für den Gabentisch, und doch fühlten wir uns reich beschenkt. Wir hatten die Schrecken des Krieges überstanden und saßen in unserem Haus in Storkow gemeinsam beisammen. Nur wenigen Familien war solch ein Glücksfall beschieden.

Zwischen Weihnachten und Neujahr wurde ich nach Bernau zu einer Vorstellung beim Oberschulrat eingeladen. Mich empfing ein älterer Herr mit graumeliertem Haar, sehr freundlich, sehr jovial, ein typischer Vertreter der älteren Lehrergeneration. Er bat mich, Platz zu nehmen und verwickelte mich gleich in ein Gespräch, um meine Eignung für den Lehrerberuf zu testen. Dann forderte er mich auf, über meine Kindheit, über meine Schule und über die Soldatenzeit zu berichten. Fragen stellte er keine, er hörte interessiert zu. Zum Schluss wollte er wissen, welche Pädagogen ich kenne. Ich stutzte, mir waren keine bekannt, das sagte ich auch. Fügte aber gleich als Begründung hinterher, dass ich mich während der Soldatenzeit mit militärischen Klassikern befasste, die mit ihren Maximen erzieherisch auf mich Einfluss nahmen. Ich nannte als Beispiel Friedrich II, Clausewitz und Moltke. Daraufhin verwickelte er mich in ein Gespräch über Friedrich II. Ich berichtete ausführlich über die Schlacht bei Leuthen 1757 und die praktizierte schiefe Schlachtordnung. Das Gespräch wurde beendet mit der Aufforderung, mich im Januar zum Lehrgangsbesuch zu melden. Er verabschiedete sich von mir und wünschte mir viel Erfolg.

Ich hoffte sehr, dass dieser Wunsch in Erfüllung gehen möge.

Mit 15 Jahren hatte ich einen Traum von einer Karriere als Sportlehrer bei der Wehrmacht. Sechs schwere Jahre zwischen Hoffen und Bangen liegen hinter mir, das Deutsche Reich existiert nicht mehr. Und ich stehe wieder am Anfang. Werde ich die neue Situation meistern?

Der Oberschulrat in Bernau gab mir meine Hoffnung zurück. die Hoffnung auf meinen alten Traumberuf in einer neuen Zeit.

Anhang

General Harteneck, Tagesbefehl vom 7.5.1945

Kameraden!

Die 2 Kav. Divisionen haben seit fast einem Jahr unter meiner Führung gekämpft. Die 23. Pz.-Div. Ist bei diesen Kämpfen in Ungarn zu uns gestoßen und hat in treuer Waffenbrüderschaft Freud und Leid mit uns geteilt. Mit Stolz und Dank für Eure Leistungen kann ich am heutigen Tage sagen, dass das Kav.-Korps in allen Kämpfen sich die höchste Achtung aller mit ihm kämpfenden Truppen und Vorgesetzten errungen hat. Bis hierher habe ich Euch in Ehren und, soweit es die Kriegslage irgendwie zuließ, mit Erfolg geführt. Mit Abschluss des Waffenstillstandes ist der Krieg beendet. Wir mussten unsere Waffen, die wir stets ehrenvoll geführt haben, vor der feindlichen Überlegenheit strecken. Mein einziges Ziel ist es jetzt noch, Euch, meine deutschen Reiter und Panzerleute, und Euch, Soldaten, die ihr im Bereich meines Kav.-Korps eingesetzt ward, ebenso ehrenvoll in die Heimat zurück zu bringen, für die Ihr ehrenvoll gekämpft habt. Noch kenne ich nicht die einzelnen Bedingungen dieses von der Reichsregierung abgeschlossenen Waffenstillstandes. Ich weiß, dass keiner von Euch in russ. Gefangenschaft geraten will, obwohl der Russe durch einen nicht bevollmächtigten Parlamentär mitgeteilt hat, dass er alle Deutschen Unteroffiziere und Mannschaften, die sich freiwillig in Gefangenschaft begeben, vor allen anderen in ihre Heimat entlassen will. Ich muss annehmen, dass hinter dieser inoffiziellen und sehr unklar ausgedrückten Versprechung eine Hinterlist steckt.

Ich vertraue nicht darauf.

Wenn Ihr wollt, dass ich Euch in die Heimat zurück bringe, dann müsst Ihr mit der gleichen Disziplin und dem gleichen Zusammenhalt, den Ihr bisher in allen Kämpfen und schwierigen Lagen bewahrt habt, in Disziplin und Gehorsam weiter zusammen stehen. Dann müsst Ihr weiter wie bisher jeden Verräter und jeden, der seine eigenen Wege gehen will, mit Zusprache und, wenn es sein muss, mit Gewalt daran hindern.

Ich muss viel Schweres von Euch verlangen, ich muss verlangen, dass Ihr Waffen, die Ihr ehrenvoll geführt habt, aus der Hand legt, dass Ihr Pferde, die Euch lieb waren, dem Feinde preisgebt, dass Ihr Kraftfahrzeuge, die Ihr gepflegt habt, stehen lasst. Es kann auch sein, dass ich zu dem Zweck, Euch vor russ. Gefangenschaft zu bewahren, verlangen muss, dass Ihr noch einmal von Euren Waffen Gebrauch macht. Wenn ich dies verlange, so kommt es darauf an, dass wir uns durchkämpfen wollen, dann haben wir die Kraft, um uns durchzukämpfen. Denkt in diesem Fall immer daran, was wir geopfert haben, dass wir nur noch um unser Leben und um unsere Freiheit vor russischer Gefangenschaft kämpfen. Der Feind, der dann gegen uns antritt, hat neben seinem Leben die Früchte seines Sieges einzusetzen.

Ich verspreche Euch, dass ich Euch solange in Ehren und Ordnung führen werde, wie ich dies unter den gegebenen Umständen vermag. Ich verspreche darüber hinaus, dass ich in dem Augenblick, in dem ich das nicht mehr kann, die Freiheit des Handelns durch Befehl in Eure eigenen Hände legen werde, d.h., dass ich den Augenblick bestimmen werde, in dem jeder seine eigenen Wege gehen kann. Bis dahin gilt es, Disziplin zu wahren, gehorsam zu sein und, wenn es nötig ist, zu kämpfen. Solange Ihr das tut, werdet Ihr mit Kampfmittel versorgt, verpflegt und geführt werden. Wenn Ihr das tut, werdet Ihr Aussicht haben, ebenso ehrenvoll Eure Heimat wiederzusehen, wie Ihr sie verlassen habt. Solange Ihr das tut, wird Deutschland trotz allem nicht untergehen.

Gez. Harteneck, General der Kav. u. Kommand. General, 7.5.1945

Zeittafel: Gerd Tschechne – bis 1946
Quelle: Memoiren Band 1

Jahr	Inhalt
1925 - 1940	Kindheit im Schützenhaus
1931 bis 1935	Grundschule
1935 bis 1940	Mittelschule
1935 bis 1939	Dienst als Pimpf
1935	Jugendburg Storkow wird eingeweiht
1938	Österreich wird deutsch
10.11.1938	Übergriff auf den Storkower Juden Todtenkopf
2.7.1940-1.4.1941	Uffz.-Vorschule Annaburg, 3.Komp.
2.4.1941-1.4.1942	Uffz.-Vorschule Tetschen, 4.Komp.
1.4.1942-31.9.1942	Uffz.-Schule Potsdam-Eiche, 1.Komp.
1.10.1942-28.7.1943	Uffz.-Schule für Schnelle Truppen in Sternberg/Ostsudeten, 4.Pz.-Sp.Kp.
28.7.-Anf.Aug.1943	Pz.-Aufkl.-Ers.-Abt.55 in Hirschberg/Riesengeb.
Anf.Aug.-24.9.1943	2.Pz.-Div. Feldpostnr. 23973
24.9.1943	verwundet, westl. von Tschernikow,
bis 10.10.1943	Feldlazarett Minsk
bis16.10.1943	Lazarett Lötzen/Ostpreußen
bis 1.2.1944	Lazarett Adalbertschule Augsburg
2.2.1944-21.3.1944	Pz..Aufkl.-Abt.2 in Wien Rennwegkaserne
22.3.1944-14.11.1944	Uffz.-Schule der Pz.-truppen in Sternberg
15.11.1944-3.2.1945	Offz.-Nachwuchslehrgang in Hirschberg
6.2.1945-20.4.1945	Pz.-Aufkl.-Komp.-Einheit von Falkenhausen

21.4.-8.5.1945	Stabsschwadron des 1.Kav.Korps Klagenfurt,
9.5.-15.6.1945	Mauterndorf in Österreich, engl. Internierung
17.6.1945	US Gefangenschaft in Aalen
18.6.1945	Entlassung in Aalen durch US Besatzer
Nov. 1945	Frensdorf
Dez. 1945	Storkow
ab Jan. 1946	Lehrgang für Neulehrer

Abkürzungen alphabetisch geordnet

BDM	Bund Deutscher Mädel
Div.	Division
DLRG	Deutsche Lebensrettungsgesellschaft
EK II	Eisernes Kreuz 2.Klasse
Gv.	Garnisionsverwendungsfähig
HJ	Hitlerjungen/Hitlerjugend
HUVS	Heeresunteroffiziers-Vorschule
I-Trupp	Instandsetzungstruppe
J.v.D.	Jungschütze vom Dienst
J.v.W.	Jungschütze vom Wochendienst
Kav.-Div.	Kavallerie-Division
KdF	Kraft durch Freude
KG	Kampfgeschwader
Kom.-Chef	Kommandierender Chef
Kv.	Kriegsverwendungsfähig
LAH	Leibstandarte Adolf Hitler
MG	Maschinengewehr
NSV	Nationalsozialistische Volkswohlfahrt
OKH	Oberkommando des Heeres
PaK	Panzerabwehr-Kanone
Pz.-Aufkl.-Abt.	Panzer- Aufklärungsabteilung
Pz.-Div.	Panzer Division
Pz.-Spähwagen	Panzer-Spähwagen
RAD	Reichsarbeitsdienst

RM	Reichsmark
SS	Schutz-Staffel
SS-Pz.-Gr.-Div.	Panzer-Grenadier-Division der SS
Uffz.	Unteroffizier
U.v.D.	Unteroffizier vom Dienst
UVS	Unteroffizier-Vorschule
VGD oder	
Volks-Gre.-Div.	Volksgrenadierdivision
WK I / 1. WK	1. Weltkrieg
WK II / 2.WK	2. Weltkrieg

Personenregister

Storkow
Baldur v. Schirach, Reichsjugendführer der NSDAP

(nur Wehrmachtsangehörige)
Uffz.-Vorschule Annaburg
Major Plessen
Leutnant Güttler
Leutnant Rackow
Leutnant Zwanziger
Feldwebel Böhme

Uffz.-Vorschule Tetschen
Oberleutnant Kuppen
Leutnant Groß
Leutnant Leisenberg
Oberfeldwebel Richter

Uffz.-Schule Potsdam/Eiche
Oberst Stülpnagel
Unteroffizier Steger
Feldwebel Pommering
Feldwebel Florus
Komponist Herms Nils

Uffz.-Schule Sternberg
Oberleutnant Rittmayer
Oberleutnant Zecherle
Unteroffizier Hartig
Hauptmann Schönborn
Oberleutnant Schirrbrand
Oberfeldwebel Willberg
Oberfeldwebel Woidatzki

Luschtinitz
Rittmeister Freiherr v. Falkenhausen
Oberleutnant Zecherle
Major Bäcker
Major Geder

St.Peter
kommandierender General Harteneck (Kavallerie-Regiment)

Begriffserklärungen

Donnerbalken
Behelfsmäßiges Freilandklosett, bestehend aus Holzstämmen, die als Sitzfläche zusammen gestellt werden

Furier
Unteroffizier mit dem Aufgabenbereich in Verpflegung

Gau
Österreichisch/schweizerisch, Bezeichnung für Landschaft

Sanka
Krankentransportfahrzeug